1849 — 1866.

A D A L É K O K

A

KÉNYURALOM ELLENES MOZGALMAK

TÖRTÉNETÉHEZ.

WINDHAM PRESS
CLASSIC REPRINTS

1849—1866.

ADALÉKOK

A

KÉNYURALOM ELLENES MOZGALMAK

TÖRTÉNETÉHEZ.

AZ ASBÓTH-CSALÁD IRATAIBÓL.

ÚJ KIADÁS.

BUDAPEST.

KIADJA RÁTH MÓR.

1888.

Az Asbóth család tagjai, alkotmányos időkben királypártiak mindig és a király szolgálatában többnyire, alkotmányellenes uralom idején az összeesküvők és felkelők közt voltak mindannyiszor a Rákóczyaktól egész 1866-ig. Jelesen a 48—49-iki mozgalmakban heten vettek részt és ezek némelyike, első sorban Asbóth Lajos h. tábornok és édes öcscse Sándor, h. alezredes, utóbb éjszakamerikai vezér-tábornok és a nagy polgárháboru befejezése után az Egyesült-Államok miniszterresidense a La Plata államokban és követe Montevideoban, élénk részt vett a bekövetkezett kényuralom ellenes mozgalmakban is.

Igy természetes, hogy számos okirat, levél, feljegyzés van a család kezei közt, mely ez eseményeket kitünőleg világitja meg. Ez iratok közül azokat veszi a következőkben a t. olvasó, melyeknek közrebocsátása most már nem látszik többé időszerütlennek. Valamennyinek közrebocsátását egyrészt családi, de másrészt egyéb tekintetetek is egyelőre lehetetlenné teszik. Egy másik része ez iratoknak már régebben megjelent „Asbóth Lajos emlékiratai"-ban.

Magában értetik, hogy az itt közrebocsátottakban változás semmi sem történt; jobbnak tekintetett inkább kevesebbet adni, mint követni mások példáját. a kik hol enyhittettek, hol foldozgattak.

Az idegen nyelven irottak eredetben és magyar forditásban is adatnak.

I.

— 1849. —

A MAGYAR MENEKŰLT HADSEREG

LÉTSZÁMA

dec. 11-ikéről 1849.

SUMLÁN.

LÉTSZÁMA

a menekült magyar hadseregnek, ugy az azokkal létező polgári rendűeknek. Névsorozata:

Kormányzó: 1. Kossuth Lajos. *Külügyminiszter:* 2. Batthyányi Kázmér. *Altábornagyok:* 3. Mészáros Lázár, 4. Perczel Mór. *Ezredesek:* 5. Perczel Miklós, 6. Katona Miklós, 7. Szabó István, 8. Thaly Zsigmond. *Polgárok ezredesi járandósággal:* 9. Házmán Ferencz, 10. Berzenczei László, 11. Vuja Ignácz. *Alezredesek:* 12. Ihász Dániel, 13. Kabos Károly, 14. Asbóth Sándor, 15. Fokner János, 16. Vepler József, 17. Frics Gusztáv. *Polgárok alezredesi járandós.:* 18. Lórodi Ede. *Ornagyok:* 19. Biró Ede, 20. Dembinszki Tivadar, 21. Glósz Húgó, 22. Vágner Gusztáv, 23. Kovács István, 24. Rosti István, 25. Jasics Pál, 26. Fiser András, 27. Halász József. *Polgárok örnagyi járandós.:* 28. Bencze Ignácz, 29. Gyurman Adolf, 30. Joánovics György, 31. Bordán Elek, 32. Egresy Gábor, 33. Schuller János. *Századosok:* 34. Décsi János, 35. Cseh Imre, 36. Frater Alajos, 37. Sárosy Gyula, 38. Koszta Márton, 39. Weigli Vilmos, 40. Török Lajos, 41. Gergely Ferencz, 42. Czinzer Ferencz, 43. Józsa Dani, 44. Knall György, 45. Dancs András, 46. Kosztolányi Ágoston, 47. Matta Ede, 48. Nosticius Vilmos, 49. Tóth Róbert, 50. Cserna Pál, 51. Borsai Sándor, 52. Szakadáty Pál, 53. Kinizsi István, 54. Bukovics Károly, 55. Kapper Ferencz. 56. Rekási Ferencz, 57. Nagy Imre, 58. Vas Ferencz, 59. Pongrácz Alajos, 60. Hutter József, 61. Fisbok Herman, 62. Kapitanolopolos Leonidás, 63. Wecz Antal, 64. Helley Ferencz, 65. Ströbel Ferencz, 66. Börczy Gyula, 67. Balogh Vincze, 68. Bernáth Albert, 69. Vaji László, 70. Spekht Lipót, 71. Nyujtó Mátyás, 72. Korn Fülöp, 73. Rákosy Illés, 74. Ersek József, 76. Fontána Jermo. *Polgárok századosi járandósággal:* 76. Mellesi Illés, 77. Vavrek János, 78. Váradi Albert, 79. Fauer János, 80. Szerényi Antal, 81. Mihálovics Anasztáz,

82. Katos Gusztáv, 83. Timári Imre, 84. Virág Gusztáv, 85. Karics István, 86. Ács Gedeon, 87. Prick József, 88. Csermeli Béla. *Főhadnagyok*: 89. Ligetfi Mátyás, 90. Francisci Kazimir, 91. Kese Elek, 92. Szarka László, 93. Nagy István, 94. Szabó Sámuel, 95. Kanizsai András, 96. Grehenek György, 97. Lovászi Mihály, 98. Teleki Oszkár, 99. Grossinger Károly, 100. Bodola Lajos, 101. Imrédi Ferencz, 102. Tar Mihály, 103. Szeredi József, 104. Glósz Károly, 105. Pili Miklós, 106. Bruner Miklós, 107. Robicsek Vilmos, 108. Ruprecht Ede, 109. Burmán Zsigmond, 110. Salkovszky Mihály, 111. Endrődi László, 112. Kalapsza János, 113. Kászer Richárd, 114. Bezold Jakab, 115. Komáromi Kristóf, 116. Noiszer Richárd, 117. Tóthfalusi Gerand Károly. *Polgári főhadnagyok járandós.:* 118. Boreczky István, 119. Podráczky Lajos, 120. Lévay János, 121. Bordán Vazul. 122. Lülley Manó, 125. Kurozovics; 124. Völgyei Szilveszter. *Hadnagyok:* 125. Naidenbach Ferencz, 126. Lőnyi Albert, 127. Veres Sándor, 128. Bakacs László, 129. Majláth Ferencz, 130. Rácz István, 131. Anasztászi György, 132. Boros Sándor, 133. Szacsvay Elek, 134. Tiszai Dániel, 135. Smid Károly, 136. Vass Sándor, 137. Zóka István, 138. Vaszil László, 139. Sipos Pál, 140. Győrfy Sándor, 141. Szathmáry Károly, 142. Váradi Lipót, 143. Szalánczi Domonkos, 144. Ruska József, 145. Urányi Sándor, 146. Törlei Bálint, 147. Polákovics Ágoston. 148. Hoholczer Hugó, 149. Földváry Ákos, 150. Pócz Ferencz, 151. Sánta József, 152. László Károly, 153. Ambrus Kristóf, 154. Molnár Mihály, 155. Bor István, 156. Biró Imre, 157. Balogh Ferencz, 158. Pásztory András, 159. Ulman, 160. Donár Mátyás, 161. Kugler Károly, 162. Dzabocsvich József, 163. Miklósy Ede, 164. Duckek Károly, 165. Paulinyi Ödön, 166. Harczy Gyula, 167. Dombrovszky Ferencz, 168. Hágen Ignácz, 169. Őrhalmi József, 170. Balogh Lajos, 171. Orosz Ferencz, 172. Veselényi József, 173. Onága Péter, 174. Bakó Imre. *Polgárok hadnagyi járandós.:* 175. Körmöndi Lajos, 176. Bernek, 177. Matisz József, 178. Macsata Ferencz, 179. Leman Frigyes, 180. Huszár. *Őrmesterek:* 181. Tóth Ignácz, 182. Kovács László, 183. Incze Ferenez, 184. Szabó Vilmos, 185. Hrabovszky Lajos, 186. Gresák József, 187. Herpay József, 188. Liszka György, 189. Muntyán István, 190. Fintay Ignácz, 191. Hajdu Gábor, 192. Fülöp Péter, 193. Merray József, 194. Fircsa János, 195. Szabó Károly, 196. Szabó József, 197. Gergely Elek, 198. László István, 199. Haut József, 200. Diószegi Géza, 201. Diószegi Árpád, 202. Polt Frigyes, 203. Kálinger János,

204. Major Imre, 205. Erdélyi Sándor, 206. Kölcsey Péter, 207. Gersenyi Mihály, 208. Nikelszki Mihály, 209. Stall Lajos, 210. Szabó Ignácz, 211. Erdős Gábor, 212. Virág Sándor, 213. Kolinszky Kálmán, 214 Straller Ferdinánd, 215. Dózsa János, 216· Sipos György, 217. Rényi Károly, 218. Galli Pál, 219. Borza Áron, 220. Csiha Farkas, 221. Borbély Dani, 222. Szilágyi Dani, 223. Kárpi Sándor, 224. László Miklós, 225. Csiha Ignácz, 226. Vékony István, 227. Aros János, 228. Cserna Pál, 229. Kiss Károly, 230. Tóth János, 231. Barcsai Mátyás, 232. Szuzsián János, 233. Orosz-kövi Soma, 234. Slézinger Ferdinánd, 835. Grin Lajos, *Tizedesek:* 236. Bordás Mátyás, 237. Kertész Albert, 238. Vagner Károly, 239. Takács András, 240. Jenoi István, 241. Fegyveresy Ferencz, 242. Krenider Tamás, 243. Tóth József, 244. Polgár Sándor, 245. Szabó Péter, 246. Illés László, 247. Varga István, 248. Loránt Antal, 249. Nemes László, 250. Milkai József, 251. Kovács Ferencz, 252. Aczél Ignácz, 253. Balogh Imre, 254. Fekete Sándor, 255. Horváth Lajos, 256. Bodonek György, 257. Lévai Sándor. 258. Jakab Ferencz, 259. Magdus Károly, 260. Steiner János, 261. Karvazi Sándor, 262. Zsentek János, 263. Haladai József, 264. Balogh István, 265. Huczai János, 266. Reinhárd Márton, 267. Kovács Ferencz, 268. Kovács János, 269. Tüske László, 260. Gregor Károly, 271. Henszel József, 272. Hencz József, 273. Kéméndi János, 274. Justin Ignácz, 275. Reimond János, 276. Majtinek András, 277. Juhász Dávid, 278. Bányász György. 279. Bozso József, 280. Veres Sándor, 281. Orbán Imre, 282. Kun Albert, 283. Stakó Károly, 284. Tompos Ferencz. 285. Geltner Ferencz. 286. Rámer Ferencz, 287. Kotlik József, 288. Gruber József, 289. Müller József, 290. Stázenbikler Ignácz, 291. Kun Sándor, 292. Balogh Miklós, 293. Nagy János, 294. Berényi Mihály, 295. Cseke Mihály. *Közvitézek:* 296. Nagy János, 297. Schön Móricz, 298. Boros András, 299. Inokán Mihály, 300. Szoboszlai István, 301. Fülöp József, 302. Bata Gábor, 303. Vincze János, 304. Nagy János, 305. Grob János, 3'J6. Klániseczki Akin, 307. Popovics György, 308. Bedekovics János, 309. Benzer Mihály, 310. Konyovics Miklós, 311. Balogh János, 312. Kapusi Imre, 313. Morovecz János, 314. Barcsai Gergely, 315. Morvai János, 316. Lőrincz Mihály, 317. Andrási János, 318. Nyiri József, 319. Kovács Péter, 320. Juhász István, 321. Magyar József, 322. Dobos János, 423. Hadadi Demeter, 324. Balogh István, 325. Papp György, 326. Hepp Sebestyén, 327. Kovács András, 328. Varga Ferencz, 329. Lőrincz Bálint, 330. Takács Dávid,

331. Jakab József, 332. Domokos Dániel, 333. Varga György, 334 Papp József, 335. Bernát Soltész, 336. Fekecs István, 337. Illés Zsigmond, 338. Ferencz Salamon, 339. Tebés György, 340. Szabó Ferencz, 341. Magyar Sándor, 342. Orosz Mihály, 343. Balázs József, 344. Botka István, 345. Almási Mihály, 346. Simon György. 347. Szilágyi István, 348. Alvinczi János, 349. Straller Ferencz, 350. Takács János, 351. Sipos János, 352. Kiss Mihály, 353. Szász Márton, 354. Szauer József, 355. Török Ferencz, 356. Salamon János, 357. Oltyán János, 358. Tőkés Mihály, 359. Dobozi Mihály, 360. Bakcsi János, 361. Jakab János, 362. Debreczenyi Samu, 363. Józsa József, 364. Tóth Imre, 365. Budai Mihály, 366. Székely János, 367. Szalkai Sándor, 368. Kállai János, 369. Tóth János, 370. Széll József, 371. Veres János, 372. Zomborcsevics Kostyán, 373. Reisz Náthán, 374. Borsai Sándor, 375. Illési Benjámin, 376. Dudás István, 377. Jurácsek Mihály, 378. Dibusz József, 379. Dobos László, 380. Jurácsek József, 381. Oláh József, 382· Bak Pál, 383. Nyiri József, 384. Nemes Sándor, 385. Neves József, 386. Hencz József, 387. Klein József, 388. Nagy Tamás, 289. Kertész Albert, 390. Molnár József, 291. Árva József, 392. Barcsai Gergely, 393. Nagy János, 394. Lang Ferencz, 395. Telek János, 396. Nagy Gáspár, 397. Tris János, 398. Klein Ábrahám, 399. Schvarcz Samu, 400. Szegedi János, 401. Papp István, 402. Batai József, 503. Kiss József, 404. Spédl Ferencz, 405. Rábai András, 406. Nagy Elek, 407. Nagy Tamás, 408. Nagy Bálint, 409. Antal Ignácz, 410. Király Bálint, 411. Baka Péter, 412. Bartus József, 413. András József, 414. Lőrincz Antal, 415. Aloiz József, 416. Varga Sándor, 417. Kiss József, 418. Balogh Mihály, 419. Forrai József, 420. Varga János, 421. Fromonn Romann, 422. Beretics Tamás, 423. Szilágyi János, 424. Lukics Gergely, 425. Foczko Mátyás, 426. Rácsa Tamás, 427. Koszta Miklós, 428. Püspöki Károly, 429. Baji Sándor, 430. Szegedi István, 431. Nemes József, 432. Ferenczi János, 433. Fejér József, 434. Orosz György, 435. Dankó József, 436. Práger Izidor, 437. Tompos Ferencz, 438. Rokus Károly, 439. Sándor Károly, 440. Bakman János. *Nők:* 441. gróf Batthyányi Kázmérnő, 442. Foknernő, 443. Dembinszkinő, 444. Jasicsnő, 445. Vuja Auróra, 446. Gyurmannő, 547. Váradinő, 448. Tarnő, 449. Kertésznő, 450. Árvainé, 451. Hajdu Sára, 452. Muntyán Száli, 453. Varga Mihálynő, 454. Schönné, 455. Balogh Istvánnő, 456. Molnárnő, 457. Jochter Borbála, 458. Dombrovszkinő, 459. Kruinmiller Jozefa, 460. Görög Péternő, 461. Reinhardnő,

462. Szásznő, 463. Kállai Anna, 464. László Juli, 465. Vékonynő, 366. Eisenbicklernő, 467. Bodoneknő, 468. Horváthnő, 469. Kissnő, 470. Lévainő, 471. Takács Mari, 472. Tüzér Mari, 473. Csermelnő, 474. Pásztorinő, 375. Románcsek Mari, 476. Lőrincz Istvánnő, 477. Aczélnő, 478. Steiner Jánosnő, 479. Vargáné, 480. Bráner Therézia, 481. Papp Julia, 482. Tamási Mari, 483. Jurácseknő, 484. Glósznő. *Gyermekek:* 485. Glosz Károly 1 gyermeke, 486. Szász Márton 1 gyermeke, 487, 488. Kreinmüller József 2 gyermeke, 489, 490, 491. Dombrovszki 3 gyermeke. Összesen 491.

Sumlán, dec. 11-én 1849.

Kabós, alezredes.

Láttam:

Kossuth Lajos,
kormányzó.

II.

1 8 4 9.

VYSOCZKI TÁBORNOK

AZ ORSZÁG KORMÁNYZÓJÁHOZ.

ORSOVA, AUG. 17.

(A LENGYEL LÉGIÓ TÖRTÉNETÉHEZ.)

General Vysocki.

An

den Herrn Landes-Gouverneur!

in

Orsova.

Hauptquartier Orsova am 17. August 1849.

Es ist Ihnen wohl bekannt, dass die unter meinem Commando stehenden Polen während des Feldzuges nie verlangten mit persönlichen Auszeichnungen betheilt zu werden, sich glücklich fühlend, dass die ungarische Regierung ihre Tapferkeit schätzend, mit dem militärischen Ehrzeichen ihre Standarten schmückte.

Nur vier ihrer Anführer d. i. ich, Oberstl. Poninski und Thorznicki, dann Major Czernik erhielten für die Siege bei Szolnok und Bárcza die Ehrenzeichen 3-ter Classe.

Später nahm unter meinem Commando die polnische Legion Theil an allen Schlachten, welche die Hauptarmee vom Uebergange der Theisz bis an die Donau-Ufer und die Belagerung von Ofen dem Feinde lieferte, wetteifernd mit den tapfersten Bataillonen Ungarns, dem 3-ten und 9-ten, die ich zu befehligen die Ehre hatte; dann als unter dem Commando des Oberstl. Idzikowski stehende Abtheilung, und endlich vereinigt, deckte sie den Rückmarsch der Armee von Eperies nach Szolnok, wie auch von Szegedin nach Lugos, — bei diesen Märschen zeichnete sich besonders die polnische Cavallerie aus.

Hätte Gott den erhabenen Freiheitskampf gesegnet, so hätte uns der Glücksjubel für die Auszeichnungen genügend entschädigt: da wir aber zufolge der schändlichen Verträge Görgey's mit den Russen gezwungen sind unsere Zuflucht auf fremden Boden zu suchen, und uns in der Welt zu zerstreuen: so wünschten diejenigen, welche in der That sich verdient gemacht haben, mit sich das Andenken zu nehmen, dass sie auf ungarischen Boden mit Ruhm für die Freiheit gekämpft haben. Ich bin daher so frei Ihnen, Herr Gouverneur die meist verdienten Personen vorzustellen und Sie zu bitten, ihnen die Patente der Ehrenzeichen zu ertheilen

Die polnische Legion bestand aus 3 Bataillonen Infanterie, 5 Escadronen Cavallerie; und 2 halben Batterien Artillerie, es sind daher kaum 3 bis 4 Individuen, die Officiere und Soldaten mit inbegriffen, die ich Ihnen hiemit von jeder Abtheilung vorstelle.

J. Vysocki, Gen.

Liste der, wegen ihrer Verdienste zur militärischen Auszeichnung vorgestellten Offiziere:

Zum Orden II-ter Classe.

Poninski Ladislaus Oberstlieut. und Commandant des 1-ten Uhlanen-Regimentes. In der Schlacht bei Szolnok, am 5-ten März d. J. zersprengte Poninski an der Spitze seiner Escadron durch einen kühnen Angriff eine Division Dragoner und nahm denselben 5 Kanonen ab, wofür er mit dem Orden 3-ter Classe decorirt wurde. Später als Commandant einer Division führte derselbe stets kaltblütig und muthig seine Abtheilung zum Siege. Seiner Unerschrockenheit wegen war er von Untergebenen und Gleichen geliebt, von seinen Vorgesetzten geachtet. — In der Schlacht bei Thura wo die Uhlanen durch eine starke Cannonade in einigen Minuten gegen 50 Pferde verloren, und verleitet durch die grosse Zahl der zum erstenmal in solchem Feuer stehenden Jugend zum Weichen gebracht wurden — blieben Oberstl. Poninski, Rittmeister Korzelinski, Oberlieutenant Fredro und der Gemeine Madejski allein auf dem Platze, durch dieses gegebene Beispiel der genannten Offiziere wurden die beiden Divisionen alsbald zum Stehen gebracht, und behaupteten von den Pferden absitzend und dem Feinde durch diese Kaltblütigkeit imponirend — den Kampfplatz bis gegen Abend, woselbst sich die feindlichen Truppen zurückzogen. — Bei dem Rückzug von Szegedin nach Temesvár bildete derselbe mit den Uhlanen stets die Ariëregarde der Armee. [1]

Zum Orden 3-ter Classe.

Idzikowski Thadeus Oberstl. der Infanterie. — Im Armee-Corps des Generalen Klapka befehligte derselbe eine Brigade, dann eine Division. General Klapka machte stets die ehrenvollsten Erwähnungen von ihm, in der Schlacht bei Tarczal, wo

---

[1] Igen (Elintézési jegyzet.)

die ungarische Artillerie durch eine Flankenbewegung des Feindes bedroht war, stürzte Idzikowski an der Spitze der Polen mit dem Bajonette auf den Feind, vertrieb denselben und gab dadurch dem Gefechte den Ausschlag. In der Schlacht bei Hidas-Németh führte derselbe, mit dem Bajonette in der Hand, eine Abtheilung ungarischer Truppen an; endlich bewährte er sich unter den Befehlen des F. M. L. Dembinski — einen Posten bei Zeben behauptend — als guter Soldat. [1]

Lacki Johann Major der Artillerie. — Als Hauptmann der polnischen Artillerie, noch während dem Feldzuge vom Jahre 1831 erhielt er hier das Commando der Artillerie bei der Belagerung von Arad, woselbst er im stärksten gegenseitigen Kanonenfeuer die Batterien besichtigte, das Feuer leitete, und mit solcher Kaltblütigkeit, dass er als Gegenstand der Bewunderung für alle dabei betheiligten Truppenabtheilungen diente. — Bei Szolnok commandirte Major Lacki die ganze Artillerie im ersten Treffen, führte selbst die Batterien vor und trug durch persönlichen Muth und gute Dispositionen viel zum Siege bei. [2]

Wieruski Anton Major der Infanterie. Derselbe zeichnete sich bei der Vertheidigung der Brücke in der Schlacht von Hidas Németh aus, woselbst er mit einer kleinen Abtheilung den Feind zum Rückzuge zwang und den Platz bis gegen Abend behauptete. In der Schlacht bei Kápolna, wo der Feind durch eine Flankenbewegung unsere Truppen umgehen wollte, redete derselbe in der Nähe zweier ungarischen Campagnien seine Abtheilung an und ermuthigte sie derart, dass er dann an ihrer Spitze den Feind zum Rückzuge zwang. [3]

Kozelinski Severin Rittmeister des 2-ten Uhlanen-Regimentes, alter Soldat aus dem polnischen Feldzuge vom Jahre 1831. Bei Girált (Sároser C.) hielt derselbe mit 60 Uhlanen und 200 Mann Guerilla's den gegen 3000 Mann starken Feind durch eine Woche auf, dort zeigte er nicht nur persönlichen Muth, sondern auch ungewöhnliche Geistesgegenwart und Militairkenntnisse. — In der Schlacht bei Thura behauptete er nicht nur mit dem Oberstl. Poninski das Schlachtfeld als seine Abtheilung zurückwich, sondern bewog dieselbe auch durch eine energische Anrede zur baldigen Raillirung nnd führte dieselbe in ihre frühere Stellung zurück. Auch sonst verdient der Rittmeister Kozelinski unter

---

[1] Igen. [2] Igen. [3] Igen.

die Tapfersten gezählt zu werden; wurde bei einer Attaque in der
Schlacht von Temesvár verwundet. [1]

Z u l t o s k i H y p o l i t Hauptmann der Infanterie. In allen
Schlachten bewies er Kaltblütigkeit und Muth. In der Schlacht bei
Tarczal zeichnete er sich an der Spitze einer kleinen Abtheilung
dadurch aus, dass er mit derselben den rechten Flügel des Fein-
des aufhielt. Bei Waitzen sprach er die Soldaten an und drang der
erste an ihrer Spitze in die Stadt. [2]

H o r o d y n s k i X a v e r Hauptmann der Infanterie, gewe-
sener Offizier vom Jahre 1831 zeichnete sich besonders als Batail-
lons-Commandant in der Schlacht bei Temesvár aus, im stärksten
Kanonenfeuer behauptete er den Platz tapfer, der Verlust von fast
der Hälfte seines Bataillons bringt ihm das ehrenvolle Zeugniss
seines Ausharrens; die Soldaten aufmunternd, erhielt er Ordnung
bis zum letzten Augenblick, wodann er den Rückzug deckte. [3]

J a g m i n J o s e p h Hauptmann der Infanterie. Er war in
allen Schlachten von Arad an und zeichnete sich durch Kaltblütig-
keit und Muth aus. Bei Arad, bei Bedeckung der Belagerungs-Ge-
schütze im Augenblicke, wo einige Artilleristen durch ein starkes
Feuer gezwungen ihre Plätze verliessen, lud er obwohl Inft.-Offi-
zier, selbst die Kanone und blieb bei der Batterie bis zum letzten
Augenblicke. An der Spitze seiner Compagnie mit Wort und That
eiferte er die Soldaten zur Tapferkeit an. Kurz in jeder Hinsicht
zeigte er sich als tapferer Soldat. [4]

B r a z e w i c z K a r l Inft. Oberlieutinant war in 18 Schlach-
ten, überall zeichnete er sich durch Muth und Geistesgegenwart
aus, eiferte die Soldaten an, und in der Schlacht bei Tarczal ver-
diente er durch den damaligen Oberstl. Klapka zum Ehrenzeichen
vorgeschlagen zu werden. [5]

Z i m a F r a n z Oberstlt. der Infanterie. Ein junger Soldat
voll der besten Hoffnung. Schon als Gemeiner und Unteroffizier
war er in allen Schlachten ein Beispiel für Andere. [6]

L u s a k o w s k i J o s e p h Oberl. des 1-ten Uhlanen-Regi-
mentes; zeichnete sich schon als Gemeiner durch seine persönliche
Tapferkeit während der Schlacht bei Szolnok aus; wurde seiner
Verdienste wegen zum Offizier des Regimentes avanceirt; kom-
mandirte als Oberlieutenant eine Escadron mit Vorzug, erwarb sich

[1] Igen. [2] Igen. [3] Igen. [4] Igen. [5] Igen. [6] Wenigstens ein speziel-
les Datum ist anzuführen.

durch die in mehreren Attaquen bewiesene kaltblütige Tapferkeit
Liebe und Achtung seiner Untergebenen, und diente als Beispiel
seinen Soldaten, indem er mehrere Male sich die Auszeichnung
verdiente. [1])

O r t o w s k i F r a n z Lieutenant der Infanterie. Zeichnete sich
bei Szegedin aus, wo er eine verlassene demontirte Kanone mit et-
lichen durch sein Beispiel angeeiferten Soldaten aufhob und rettete,
er that es unter einem starken Kartätschenfeuer und brach sich
dabei den Arm. [2])

F r e d r o A l e x a n d e r Oberlieutenant beim 2-ten Uhlanen
Regiment. Auf dem Schlachtfelde bei Tarczal zum Oberlieut. er-
nannt. Bei Bárcza war er einer Derjenigen, die die feindliche Caval-
lerie-Attaque aufhielten, dadurch wurden mehrere Kanonen geret-
tet und der Rückzug des Corps gedeckt In der Schlacht bei Thura
blieb er mit dem Oberstlieut. Poninski, Rittmeister Kozelinski und
Gemeinen Madejski nach dem Rückzug der Uhlanen auf dem
Kampfplatze zurück und trug zur Aufhaltung der Schwadron bei
— er zeigte stets Muth und Geistesgegenwart als tapferer Soldat. [3])

M a d e j s k i J o h a n n Uhlanen-Oberl. In der Schlacht bei
Thura blieb er nach dem Rückzuge der Uhlanen im stärksten
Kanonenfeuer. In der Schlaht bei Temesvár war er einer der er-
sten, die sich in die Reihen der Cavallerie des Feindes warfen,
trug bei zur Sprengung derselben, — einen Cürassieren stach er
vom Pferde und wurde vom Feinde ganz umringt, bekam 18 Wun-
den und wurde durch die Seinigen vom Feinde herausgehauen. [4])

P r a z m o v s k i M i c h a e l Uhlaner. Stürzte sich als einer
der Ersten bei Temesvár in die Reihen des Feindes, seine Lanze
gab einigen feindlichen Uhlanen den Tod, — durch einen tapfern
Angriff befreiete er seinen Escadron-Commandanten Rittmeister
Kozelinski, der vom Feinde umringt war. [5])

M i a c z y n s k i F e l i x Lieutenant der Uhlaner, schon an-
fangs beim Beginn des Freiheits-Kampfes ging er in die Reihen der
polnischen Legion; als Standartführer ging er tapfer voraus wäh-
rend allen Schlachten des Winterfeldzuges. Als Uhlanenoffizier
zeichnete er sich überall durch Tapferkeit aus, besonders bei der
Schlacht bei Temesvár schlug er einen feindlichen Uhlanenoffizier
vom Pferde und trug viel zur Sprengung des Feindes bei. [6])

W r o b l e w s k i J o s e f Uhlaner. Auf dem Kaschauer Berge

---

[1]) Igen. [2]) Igen. [3]) Igen. [4]) Igen. [5]) Igen, [6]) Igen.

hielten (wie bekannt) Tirailleure den Feind auf, Wroblewski
war hier der Erste der vorging, mit einer Karabiner-Kugel einen
feindlichen Offizier tödtete, durch sein Beispiel ermuntert drangen
die Andern nach, und der Feind wurde eine Zeitlang gehalten.

Bentkowski Ladislaus Lieutenant der Artillerie. Als
Commandant der polnischen Artillerie (Halbbatterie), die durch
junge, ungeübte Artilleristen bedient war, zeigte selber in jeder
Hinsicht, dass ein einsichtsvoller und tapferer Anführer den Man-
gel an Kenntniss bei seinen Untergebenen ersetzen kann. Die
Schlachten bei Thura, Szegedin und Temesvár sind Zeugen seiner
Verdienste, und manche durch ihn selbst gerichtete Kanone lieferte
Beweise seiner Geschicklichkeit.

Burchard St. Gustav Oberlieutenant. Schon bei der
Belagerung von Arad zeichnete er sich als Adjutant des Artillerie-
Majors Lacki aus, während der grössten Canonade trug er dessen
Befehle unerschrocken an verschiedene Batterien; in einer der Bat-
terien war die Mannschaft so erschrocken, dass sie den Dienst nicht
mehr versehen wollte, da ging Burchard auf den Wall, dadurch
aufgemuntert fingen die Artilleristen wieder an die Geschütze zu
bedienen. Als mein Adjutant gab er durch strenge Befolgung der
Befehle Beweise seiner Brauchbarkeit und Unerschrockenheit. [1]

Lesen Teofil Lieutenant des 1-ten Uhlaner Regimentes,
wurde wegen seiner kühnen, entschiedenen Tapferkeit mehrmal
verwundet und diente sowohl was den innern Dienst anbetrifft, als
auch vor dem Feinde stets zum Beispiel seiner untergebenen Ka-
meraden, am meisten zeichnete er sich durch seine Kaltblütigkeit
bei Szolnok, Komorn und Szegedin wo er verwundet wurde, aus. [2]

Choiecki Stanislaus Unteroffizier des 1-ten Uhlanen
Regimentes, ist, als er bei Thura F. M. L. Dembinski ganz allein im
grössten Kanonenfeuer stehen sah, seiner Abtheilung voran geeilt,
und stellte sich zur Verfügung des F. M. L. mit Lebensgefahr, bei
dem er auch bis zu Ende des Tages blieb. [3]

Treczkin Karol Unteroff. im 1-ten Uhlanen-Regimente,
hat sich bei dem Gefecht nächst Lemesan als Freiwilliger gegen
die stets nach der Armee ziehenden Kosaken gemeldet, und hat
durch die mit viel militärischer Gewandheit verbundenen Tapfer-
keit die volle Anerkennung und Bewunderung einer ganzen mit
ihm attaqueirenden halben Escadron erregt. [4]

---

[1] Igen. [2] Igen. [3] Igen. [4] Igen.

Menczewski Sidor Unteroffizier des 1-ten Uhlanen-Regimentes. Es ist ihm schon bei der Schlacht von Szolnok am 5-ten März das Pferd erschossen uud ein Fuss gebrochen worden ; nach mehrmonatlichen Leiden im Spital kam er noch mit geschwächter Gesundheit zur Abtheilung, die sich eben vor dem Feind befand, und zeichnete sich durch Tapferkeit und Muth aus, als Beispiel seinen Soldaten dienend. [1])

Morawiecki Eduard Gemeiner im 1-ten Uhlan-enRegimente. − Früher im Corps des Majoren Görgey Herman dienend, griff der Feind am 22-ten Juni 1849 unvermuthet Sz.-Márton an, die Soldaten zerstreuten sich, Morawiecki sammelte Einige, griff die Kosaken an, und verschaffte auf die Art seinem Offiziere Zeit um die Leute zu sammeln. [2])

Drezinski Leon Infanterie-Fähnrich, ging mit der Standarte stets dem Bataillon vor, besonders in der Schlacht bei Waitzen ging er mit dem Rufe „Hurrah" der Erste nach der Stadt. [3])

Szaszkiewic Jakob Infanterie-Unteroffizier. Bewährte seine Tapferkeit in der Schlacht bei Bicske , wo er feindliche Bagagewägen von 10 Croaten begleitet erblickte, sie angriff (und allein), vertrieb die Escorte und gewann die Wagen. Bei Szegedin sammelte er Tirailleure seiner Abtheilung und war einer der Letzten auf dem Schlachtfelde. [4])

Kabat Leopold Oberlieutenant. Als Adjutant war derselbe in allen Schlachten an der Seite des Generalen Dessewffy, als Freiwilliger machte er mehrere Attaquen mit der Cavallerie. General Dessewffy bat ihn zur Decoration vorzuschlagen, obwohl er nicht zur poln. Legion gehört, so thue ich dies mit Freuden, da mir seine Verdienste bekannt sind. [5])

J. Vysocki, Gen.

Orsova, den 17. August 1849.

[1]) Igen [2]) Igen. [3]) Igen. [4]) Igen. [5]) Igen.
(Elintézési jegyzet:) Diplomák datuma Orsova, aug. 17.

Vysocki tábornok.

Az országos kormányzó urnak.

Orsován.

Főhadiszállás Orsován, 1849 aug. 17.

Tudva van Ön előtt, hogy a vezényletem alatt álló lengyelek a hadjárat alatt soha sem óhajtottak személyes kitüntetést, szerencséseknek érezvén magukat, hogy a magyar kormány vitézségüket elismerve, a katonai becsületjelvénynyel lobogóikat feldiszitette.

Csak vezetőik közül négyen, t. i. én, Poninski és Thorznicki alezredesek, továbbá Czernik őrnagy kapták a szolnoki és bárczai győzelmekért a III. oszt. becsületjelvényeket.

Később vezetésem alatt részt vett a lengyel légió valamennyi ütközetben, melyet a főhadsereg az átkeléstől a Tiszán egész a Duna partjáig és Buda ostromáig az ellenségnek adott, versenyezve Magyarország legvitézebb zászlóaljaival, a 3-ikkal és 9 ikkel, melyeket parancsnokolhatni szerencsés voltam; utóbb mint Idzikowski alezredes alatt álló osztály és végre egyesülten, fedezte a hadsereg visszavonulását Eperjestől Szolnokra és Szegedről Lugosra, — mely mozdulatoknál kivált a lengyel lovasság tünt ki.

Ha Isten megáldotta volna a magasztos szabadságharczot, akkor az örömujjongás pótolt volna nekük minden kitüntetést; miután azonban Görgeynek az oroszszal kötött gyalázatos szerződései folytán idegen földön kénytelenittettünk menedéket keresni és menni világnak: azok, a kik magukat tettleg érdemesitették, magukkal óhajtották vinni annak emlékét, hogy magyar földön dicsőséggel harczoltak a szabadságért. Bátor vagyok tehát Önnek, kormányzó ur, a legérdemesebb egyéneket bemutatni és kérni Önt, hogy nekik a becsületjelvények pátenseit adományozza.

A lengyel légió 3 gyalog zászlóaljból, 5 lovasszázadból és 2 fél ütegből állott; alig 3—4 egyén tehát az, beszámitva tiszteket és katonákat, kit ezennel minden osztályból bemutatok.

J. Vysocki, tbk.

Az érdemeik folytán katonai kitüntetésre bemutatott tisztek sorozata.

A II. oszt. rendjelre:

Poninski László alezredes és az I. dzsidásezred parancsnoka. A szolnoki ütközetben f. é. márcz. 5-én osztályának élén merész támadással széjjel vert egy dragonyososztályt és 5 ágyut vett el attól, a miért a III. oszt. renddel diszittetett fel. Utóbb, mint egy osztálynak parancsnoka, mindig bátran és hideg vérrel vezette osztályát a győzelemre. Rettenthetlensége miatt szerették alattasai és a vele egyenlők, becsülték előljárói. — A thurai ütközetben, a hol a dzsidások erős ágyutüzelés által, néhány percz alatt 50 lovat vesztettek, és elcsábitva az ily tüzben először álló ifjuság nagy száma által, hátrálásra birattak — Poninski alezredes, Korzelinski kapitány, Fredro főhadnagy és Madejski közvitéz egyedül állották meg helyüket. A nevezett tiszteknek ilykép adott példája csakhamar állásra birta a két osztályt, mely leszállva a lóról és e hidegvérüséggel imponálva az ellenségnek, tartotta a csatahelyet egész estig, a mikor is az ellenséges csapatok visszavonultak. — A Szegedről Temesvárra visszavonulásnál folyton ő képezte a dzsidásokkal a seregnek hátfedezetét.

A III. oszt. rendjelre:

Idzikowski Tádé gyalogsági alezredes —
Klapka tbk. hadtestében parancsnokolt egy dandárt, utóbb
egy hadosztályt. Klapka tbk mindenha a legnagyobb tisz-
telettel emlitette; a tarczali ütközetben, a hol a magyar
tüzérség az ellenségnek oldalmozdulata által volt fe-
nyegetve, Idzikowski a lengyelek élén szuronyt szegezve
rohant az ellenségre, elüzte azt és eldöntöte ezzel a har-
czot. A hidas-némethi ütközetben szuronyt szegezve vezetett
egy osztálynyi magyar csapatokat; végre Dembinszki altá-
bornagy parancsai alatt Zebennél tartva egy állást, jó ka-
tonának mutatta magát.

Lacki János tüzérőrnagy. Mint a lengyel tüzérség
kapitánya még az 1831-iki hadjárat alatt, itten a tüzérség
parancsnokságát nyerte el. Arad ostrománál, a hol a leg-
erősebb kölcsönös tüzelés alatt vette szemle alá az ütege-
ket, vezette a tüzelést, és pedig oly hideg vérrel, hogy va-
lamennyi részesnek bámulata tárgyaúl szolgált. — Szol-
noknál Lacki őrnagy parancsnokolta az összes tüzérséget,
az első harczban maga vezette előre az ütegeket és szemé-
lyes bátorság, jó rendelkezések által sokban járult a győ-
zelemhez.

Wieruski Antal gyalogos őrnagy. A hidas-
némethi ütközetben a hidnak védelmében tüntette ki ma-
gát, a hol csekély osztályával visszavonulásra kényszeri-
tette az ellenséget, és helyét egész estig megállotta. A ká-
polnai ütközetben, a hol az ellenség oldalmozdulattal
akarta megkerülni seregünket, szóval lelkesitette osztályát
két magyar század közelében annyira, hogy aztán élére
állva viszanyomta az ellenséget.

Kozelinzki Szevér, a 2. dzsidásezred kapitá-
nya, régi katona az 1831-iki lengyel hadjáratból. Giráltnál
(Sárosmegye) 60 dzsidással és 200 guerillával egy hétig

tartóztatta a 3000 embernyi ellenséget; ott nem csak személyes bátorságot, hanem rendkívüli lélekjelenlétet és katonai ismeretet is mutatott. — A thurai ütközetben Poninski alezredessel nemcsak a csatatért tartotta, midőn osztálya hátrált, hanem erélyes szózat által összeszedésre is birta azt és elébbi állásába visszavezette. Kozelinszki kapitány különben is megérdemli, hogy a legbátrabbak közé számíttassék; egy rohamnál a temesvári ütközetben megsebesült.

Zultoski Hypolit gyalogos kapitány. Hideg vért és bátorságot tanusitott minden ütközetben. A tarczali ütközetben egy kis osztály élén azzal tüntette ki magát, hogy feltartóztatta azzal az ellenség jobb szárnyát. Vácznál szózatot intézett a katonákhoz és élükön első nyomult a városba.

Horodynski Xavér, gyalogos kapitány, 1831-iki volt tiszt; különösen mint zászlóaljparancsnok tüntette ki magát, a temesvári ütközetben helyét a legerősebb ágyutüzelésben megállotta, a veszteség csaknem zászlóaljának felényire rúgott, a mi kitartásáról becsülésreméltóan tanuskodik; buzditva a katonákat, rendet tartott az utolsó pillanatig, a hol aztán ő fedezte a visszavonulást.

Jagmin József gyalogos kapitány Aradtól kezdve minden ütközetben ott volt, hideg vér meg bátorság által tünt ki. Aradnál, az ostromágyuk fedezéséiél, abban a pillanatban, midőn néhány tüzér erős tüz miatt kénytelen volt helyét elhagyni, ő maga, ámbár gyalogos tiszt, töltötte az ágyut és az üteg mellett maradt az utolsó pillanatig, századának élén szóval és tettel buzditotta a katonákat bátorságra. Röviden, minden tekintetben bátor katonának mutatkozik.

Brazewicz Károly gyalogos főhadnagy. 18 ütközetben volt, mindenütt kitünt bátorsággal és lélekjelenléttel, buzditotta a katonákat, és a tarczali ütközetben meg⸗

érdemelte Klapka akkori alezredes által a becsületjelvényre javaslatba tétetni.

Zima Ferencz gyalogos főhadnagy. Ifju katona, tele a legjobb reményekkel. Már mint közember és altiszt mások példájára szolgált.

Lusakowski József az 1. dzsidás ezred főhadnagya; már mint közember kitünt személyes bátorsága által a szolnoki ütközetben; érdemei folytán az ezred tisztjévé haladt; mint főhadnagy kitüntetéssel parancsnokolt egy lovasszázadot s több rohamban tanusitott hidegvérü bátorsága által alattasainak szeretetét és becsületét vivta ki, és katonáinak például szolgált, a menyiben többször is kiérdemelte a kitüntetést.

Ortowsky Ferencz gyalogos hadnagy. Kitünt Szegednél, a hol egy elhagyott és lerontott ágyút példája által buzdúlt néhány katonával felszedett és megmentett erős kartácstüzelés alatt és karját törve.

Fredro Sándor a 2. dzsidás-ezred főhadnagya. A tarczali csatatéren főhadnagygyá kinevezve, Bárczánál ő volt egyike azoknak, akik az ellenségnek lovasrohamát feltartóztatták, a mi több ágyut mentett meg és fedezte a visszavonulást. A thurai ütközetben Poninski alezredessel, Kozelinski kapitánynyal és Madejski közvitézzel, ő maradt a csatatéren a dzsidások hátrálása után, és hozzájárult a század megállitásához, bátorságot és hidegvért tanusitott mindig, mint vitéz katona.

Madejski János főhadnagy. A thurai ütközetben a dzsidások hátrálása után a legerősebb ágyutüzben megállta helyét. A temesvári ütközetben egyike az elsőknek volt, a kik az ellenséges lovasság soraira vetették magukat és szétugrasztásukhoz hozzájárult; egy vértest lováról szurt le, az ellenség egészen körülfogta, 18 sebet kapott, mig az övéi ki nem vágták.

Prazmowski Mihály dzsidás. Temesvárnál egyike; az elsőknek rohant az ellenség soraiba, dzsidája halált osztott az ellenséges dzsidások közt, bátor támadás által kiszabaditá Kozelinski kapitány századparancsnokát, a kit az ellenség körülfogott.

Miaczynski Bódog dzsidás-hadnagy. Mindjárt a szabadságharcz elején a lengyel légióhoz állott. Mint zászlós bátran ment előre a téli hadjárat minden csatáiban. Mint dzsidástiszt kitünt mindenütt bátorsága, és különösen a temesvári ütközetben leütött lováról egy ellenséges dzsidástisztet és sokat tett az ellenség szétugrasztásához.

Wroblewski József dzsidás. A kassai hegyet tudvalevőleg ellenséges csatárok tartották. Wroblewski itt az első ment előre, egy karabélygolyóval lelőtt egy ellenséges tisztet, példáján buzdultak a többiek, és az ellenség egyideig feltartóztattatott.

Bentkowski László tüzérhadnagy. Mint a lengyel tüzérség (félüteg) parancsnoka, melyet ifju gyakorlatlan tüzérek szolgáltak, minden tekintetben megmutatta, hogy bátor és belátásteljes vezető kipótolhatja alattasai ismereteinek hiányait. A thurai, szegedi, temesvári ütközetek érdemeinek tanui, és nem egy általa irányzott ágyu szolgált ügyességének tanujául.

Burchard St. Gusztáv főhadnagy. Már Arad ostrománál kitünt mint Lacki tüzérőrnagy hadsegédje, a legnagyobb ágyuzás közt vitte parancsait rettenthetlenül a különböző ütegekhez; az ütegek egyikénél a legénység annyira meg volt ijedve, hogy a szolgálatot tovább ellátni nem akarta; ekkor Burchard a bástyára ment, és felbátorodva ismét szolgálták a tüzérek az ágyukat. Mint hadsegédem a parancsok szigoru teljesitésével adta hasznosithatásának és rettenthetlenségének jeleit.

Lessen Teofil az első dzsidás-ezred hadnagya, merész elszánt bátorsága miatt többször sebesült meg és ugy a belső szolgálatra nézve mint az ellenség előtt alattasainak és bajtársainak mindenkor példájukra szolgált, leginkább tünt ki hideg vére által Szolnoknál, Komáromnál és Szegednél, a hol meg is sebesült.

Choiecki Szaniszló altiszt az 1-ső dzsidás-ezredben. Thuránál, midőn Dembinski altbnot a legnagyobb ágyutüzben magában állva látta, osztályának elejébe állva életveszélylyel az altbn. rendelkezésére állott, ki mellett meg is maradt a nap végeig.

Treczkin Károly altiszt az 1-ső dzsidás-ezredben a Lemesán melletti csatában mint önkéntes jelenkezett a folyton a sereg után huzódó kozákok ellen és sok katonai ügyességgel összekötött bátorsága által az egész támadó félszázadnak elismerését és bámulását vitta ki.

Menczewski Sidor altiszt az 1-ső dzsidás ezredben. Már a szolnoki ütközetben márcz. 5-én lovát lőtték el alóla és lábát törte; több havi szenvedés után a kórházban, még gyengélkedve jött az osztályhoz, mely épen az ellenség előtt állott és kitünt vitézség és bátorság által, a katonák példájára szolgálva.

Morawiecki Ede közember az 1-ső dzsidás-ezredben. Elébb Görgey Armin őrnagy hadtestében szolgált; 1849 junius 22-én az ellenség váratlanul támadta meg Szt.-Mártont, a katonák elszórodtak, Morawiecki egynehányat összeszedve rontott a kozákokra, és igy időt adott a tiszteknek a legénység összegyüjtésére.

Drezinski Leo gyalogos zászlós, a zászlóval mindig a zászlóalj előtt ment, különösen a váczi ütközetben „hurrah" kiáltássa az első ment a városba.

Szaszkiewic Jakab gyalogos altiszt. Tanuságot tett bátorságáról a bicskei ütközetben, a hol ellenséges társzekereket 10 horváttól kisérve pillantott meg, azokat megtámadta és (egyedül) szétkergette és a kocsikat megnyerte. Szegednél osztályának csatárait összegyüjtötte és egyike az utolsóknak maradt a csatatéren.

Kabat Lipót főhadnagy, valamennyi ütközetben részt vett Dessewffy tbk oldalán, mint önkéntes csatlakozott több lovasrohamhoz. Dessewffy tbk kérte őt a feldiszitésre javaslatba hozni, noha nem tartozik a lengyel legióhoz és én ezt örömest tettem, miután érdemeit ismerem.

Vysocki J. tbk.

Orsován, aug. 17. 1849.

III.

— 1 8 5 0.

I.

A KORMÁNYZÓ RENDELETE

ASBÓTH SÁNDOR VEZÉRSEGÉDHEZ AZ EMIGRÁTIÓ ÜGYÉBEN.

KUTAYA, APRIL 25.

II.

A KORMÁNYZÓ RENDELETE

ASBÓTH SÁNDOR VEZÉRSEGÉDHEZ A SZEMÉLYE KÖRÜLI
KATONAI SZOLGÁLAT ÜGYÉBEN.

KUTAYA, SZEPTEMBER 29.

I.

Asbóth Sándor alezredes és vezérsegéd urnak.

Kutaya, April 23. 1850.

Ha már azt is fájdalommal kell tapasztalnom hogy a török előljáróság, ünnepélyes igéreteinek ellenére sorsunk könnyitése helyett szenvedéseinket naponkint mindennemű vexákkal sulyosbitja. — még inkább megilletve érzem magamat az által, hogy ezt oly modorban látom végrehajtva, mely sérti a becsületérzésnek minden fogalmát, midőn nyilvános placátokban tömlöczczel fenyegettetünk a nélkül, hogy tudtomra valami ily bánásmódot provocáló tény követtetett volna el.

Meg vagyok győződve, hogy sok dolog a mi érzékenyen bánt, nem történnék vagy legalább nem oly bántólag történnék, ha mindazok, kiket kiséretemhez számitani szerencsém van, gondosan igyekeznének fentartani, s a török részről is fentartatni azon tekintetet, hogy minden rendeletet csak én általam vegyenek, s a máskint hozzájok érkezetteknek hozzám utasitását sürgetnék; és semmi organicus lépésbe tudtom és hirem nélkül nem bocsátkoznának.

De midőn nemcak ez nem történik, sőt mint éppen most történt, egy valóban érzékenyen bántó rendeletnek kapura függesztés végetti léforditásához, s leirásához magunk nyujtunk segédkezet, — a helyett hogy az velem közöltetnék, s utasitásom kikéretnék — igen természetes,

3*

hogy azon kötelességet — melylyel mindnyájok iránt tartozom, t. i. hogy sorsunk nehezitését s becsületünk sérelmét, a lehetségig eltávoztatni iparkodjam — nem teljesithetem.

Ezennel tehát szükségesnek tartom, a kiséretemhez tartozó minden urakat oda utasitani; hogy a török hatóságnak mindazon rendelkezéseit, melyek vagy mindnyájunkra kiterjedő szabályzati természetüek, vagy egynek bárha eltűrendett sérelméből a többiekre is kedvetlen befolyást eredményezhetnének — ha nem én általam van tudtokra adva — mielőtt teljesitéséhez hozzá járulnának, vagy azt épen elősegitenék — minden esetben velem közöljék s a követendő ösvényre nézve utasitásomat vegyék.

Tudom, hogy a fenforgó kellemetlen eset, — mely e figyelmeztetést szükségessé tette — semmi másnak mint csak éppen annak következése, hogy az urak általam ekkorig erre s az elmulasztásokból mindnyájunkra háromló kellemetlenségre figyelmeztetve nem voltak, s azért óhajtom, hogy a mi megtörtént, arról közöttünk semmi kedvetlenitő emlités ne történjék; hanem jövendőre ezen figyelmeztetést szorosan szemügyön tartatni kivánom; s a testületi szellem solidaritásáni ügyeletet — közös javunkra különösen ajánlom.

Utasitom alezredes vezérsegéd urat, hogy a kiséretemhez tartozó minden urakat egybegyüjtve, ezen figyelmeztetésemet alkalmazásul tudtokra adja s nekem arról jelentést tegyen.

Kosuth, kormányzó.

a kormányzótól

Asbóth Sándor,

alezredes urnak.

Hivatalosan.

II.

Asbóth Sándor alezredes és vezérsegéd urnak.

Kutaya, Szept. 29. 1850.

Alezredes urnak, mint vezérsegédemnek hivatalos köréhez tartozik a személyem körüli katonai szolgálatrai felügyelet.

Ennek köréhez tartozik különösebben az inspectionális szolgálat.

Ez ekkorig hivatalosan nem vala rendezve, hanem inkább csak az illetők önkéntes ajánlkozása s egymásközti összebeszélése szerint teljesittetett.

Napról napra inkább érzem pedig annak szükségét, hogy ezen szolgálat szorosan a katonai disciplina alapján szabályozva s a szabályzat szerint kezelve legyen.

Csak ugy lehetvén egy részről ezen szolgálatban nem csak a rend, hanem egyszersmind azon tekintély is fentartva, melylyel annak ugy irányomban, mint a török hatóság irányában s a szolgálatot tevő tiszt urak között egymás irányában is birnia kell, másrészről pedig minden egyenetlenség és compromissio is eltávoztatva, melynek árnyéka a nélkül, hogy tudnám, enmagamra is kellemetlenül kiterjedhet.

Mindezeknél fogva utasitom, illetőleg tudatom alezredes urral:

1-ör Hogy az inspectionalis szolgálat rendjét —

egészen oly rendes katonai alapon, mint az hon, a kormányzási hivatalnál volt s lennie kell; szabályozza, — s a szabályzatot megerősités végett nekem előterjeszsze; — helybenhagyásom után regulamentummal szolgálandót.

2-or. Az inspectionális tiszti személyzet körébei felvétel, vagy attóli felmentés természetesen enmagamnak levén fentartva; egyébbaránt a szolgálati rendrei felügyelet és a kellő tiszti disciplina fentartása alezredes urnak vezérsegédi tisztéhez és hatóságához tartozók. — Minek egész terjedelmében szigoruan pontos teljesitését tapasztalt hivatalos buzgalmától megvárom.

Ezen rendeletet alezredes úr, — a körülöttemi inspectionális szolgálatot teljesitő minden tiszt urakkal, maguk alkalmazásául közölni fogja, azon hozzátétellel, hogy ezentúl alezredes urral, mint vezérsegédemmel s igy a személyem körüli szabott szolgálatra alkalmazott tiszti személyzet főnökével, a katonailag szokott hivatalos viszony· ban állandanak s magukat ahhoz szintugy alkalmazandják, mint ha ben a honban volnának a kormányzói hivatalban alkalmazva.

Kossuth, kormányzó.

Asbóth Sándor alezredes vezérsegéd urnak helyben.

A kormányzótól hivatalosan.

(Hátirat:)

Lássa és látamozza az egész inspectionális tiszti személyzet.

Kutaya szept. 29-én 1850.

Asbóth Sándor,
alezredes, vezérsegéd.

Látta: Fráter s. k., látta: Kalapsza s. k., látta: Weigly s. k., látta: Grechenek s. k., látta: Kinizsy s. k., látta: László s. k., látta: Török s. k., látta Mayerhoffer. s, k.

Koszta százados ur előttem oda nyilatkozott, hogy mint szabad magyar polgár magát semminemü szabálynak alá nem vethetvén inspeccionális tiszt megszünt lenni.

Harczy kapitány ur pedig még rövidebben kijelenté, hogy többé Kormányzó urnál szolgálatot nem teend.

Végre Timáry abbeli ohajtását fejezte ki, miszerint a katcnai szolgálat alól felmentve polgári állásához illő irásu foglalkozással bizattatnék meg.

IV.

1 8 5 1.

I.

AZ EMIGRÁTIÓ TÁVOZÁSA KUTAYÁBÓL

AZ A. A. ZTG FÉLHIVATALOS KÖZLÉSE ÉS A VÁLASZ FOGALMAZVÁNYA

ASBÓTH SANDORTÓL.

II.

ASBÓTH SÁNDOR SZABADSÁGLEVELE

A FÉNYES PORTÁTÓL.

I.

Allgemeine Zeitung Nr. 151 dato 31. Mai 1851.

Der Transport der ungarischen Flüchtlinge nach England. Konstantinopel 17-ten Maj. Endlich kann ich Ihnen über die definitive Lösung der Flüchtlings-Angelegenheit berichten. — Am 8-ten d. wurden 85 derselben, worunter auch Mészáros, vor Suleiman Bey den österreichischen Comissairen übergeben, worauf sofort der Zug den direckten Weg nach Gemlek einschlug, welche Entfernung derselbe in kleinen Stationen (5 Stunden ohngefähr täglich) in 5 Tagen zurücklegte. Herr v. Jazmagyi, welcher das Ganze geleitet hatte, verliess erst am Abend des folgenden Tages Kutahya, um mit Herrn von Eder, Dolmetsch der Internuntiatur, den Weg über Brussa zu nehmen, allwo er mit dem Minister des Auswärtigen, Ali Pascha, eine längere Conferenz hatte, in welcher die definitiven Bestimmungen, betreffs der Einschiffung der Flüchtlinge verabredet wurden. Diese fand denn auch am 14-ten d. in der besten Ordnung statt; ein türkisches Dampfboot nahm die Betreffenden auf um dieselben nach den Dardanellen zu bringen, wo ein englisches und ein französisches Kriegsschiff sie aufnehmen werden, um sie nach ihrem Wunsche nach Liverpool oder Marseille zu bringen. Es ist der einstimmige Entschluss von jenen Herren gefasst worden, die Gastfreundschaft der grande nation nicht in Anspruch zu nehmen und die Aufnahme des englischen Schiffes vorzuziehen: von Liverpool werden sie sodann nach Amerika auf Unkosten der englischen Regierung befördert werden, wo ihnen die Regierung der Vereinigten Staaten eine Bodenstrecke zu gemeinsamen Anbau zu bewilligen sich bereit erklärt hat. Obwohl während der Anwesenheit der österreichischen Komissaire — welchen ein Haus gegenüber der Caserne eingeräumt worden war

— in Kutahya das Lied „Ein freies Leben führen wir"
mehrmals in der Caserne erschall, und auch in der letzten Zeit
einige Misshelligkeiten zwischen den Internirten und der türki-
schen Autoritaet vorgefallen waren, war doch bei dem Acte
der Übergabe und dem bei der Einschiffung, der Anstand von
Seite der Internirten vollkommen beobachtet worden; ein grosser
Theil sogar begrüsste den Herrn von Jazmagyi mit Achtung und
Dankbarkeit als ihren Befreier, indem sie den Dank, welchen die
Sorge für ihre endliche Befreiung und sichere und
bequeme Transportirung an den Ort, wo ihnen die volle Freiheit
gegeben werden kann, von der österreichischen Regierung auf de-
ren Repräsentanten übertrugen, welcher auch in seiner schwierigen
Sendung, durch Übung wahrer Humanität gegen gefan-
gene Feinde sich die Hochachtung des besseren Theils der Emi-
gration zu gewinnen wusste. Vor der Hand werden jene Herren
im Hafen von Gemlek eingeschifft verbleiben, um die Ankunft an-
derer Schicksalsgenossen von hier abzuwarten, welche theils frei-
willig sich der Fahrt nach England und Amerika anschliessen,
theils aber auch von der türkischen Polizei dazu eingeladen wur-
den; von diesen sind, soviel verlautet, 15 bereits eingebracht und
im Hafen des Arsenals eingeschifft worden, auf andere wenige
wird noch gefahndet, denen man türkischerseits ebenfalls das con-
silium abeundi zu ertheilen gedenkt.

Das in letzterer Zeit hervortretende excessive Verhalten die-
ser Unglücklichen (meistens Magyaren) nämlich, hat die österrei-
chische Regierung bewogen der Pforte die Nachtheile ausdrücklich
vorzustellen, denen sich die türkische Regierung durch längere
Duldung so turbulenter Elemente in Constantinopel aussetze. Es
sind denn hier theils dieser, theils der Kategorie der freiwillig ab-
gehenden Angehörigen im ganzen 56 Individuen bereits eingeschifft,
welche binnen heut und morgen nach Gemlek gebracht werden
um zu den Anderen zu stossen. — Das nordamerikanische Schiff
(eine Kriegsdampffregatte) ankerte derweilen ruhig vor Gallipoli,
indem es ausdrücklich für Kossuth und dessen Begleitung bestimmt
ist, welcher mit den übrigen 7 und anderen 15 freiwillig bei diesen
verbleibenden Individuen (Diener u. s. w.) bis zum 1-ten September
in Kutahya verbleiben soll. Der Exgouverneur bezog bisher 9000
Piaster monathlich, welche ihm auch bis zum Ende seines Aufent-
halts verabreicht werden sollen, dem Grafen Batthyány hat die

Pforte den gleichen Gehalt angewiesen, der Graf jedoch darauf zu Gunsten der minder betheiligten Unglücksgefährten verzichtet.

Die nordamerikanische Regierung hat Österreich gegenüber die Verpflichtung unterzeichnet, die am Bord ihres Schiffes **A u f z u n e h m e n d e n   a n   k e i n e m   a n d e r e n   P u n k t e   a l s   z u   N e w - Y o r k   a u s z u s c h i f f e n.**

(**E r w i e d e r u n g   h i e r a u f.**)

Kutahya, den 23-ten Juni 1851.

Die 151 Nr. der „Allgemeinen Zeitung" enthält einen Bericht aus Constantinopel vom 17. Maj über die — angeblich — definitive Lösung der Flüchtlings-Angelegenheit. — Ich weiss nicht, in wie weit dieser schwülstige Bericht denen stets löblichen Absichten des darin hochgefeierten sogenannten Herrn von Jazmagyi entsprechen mag, doch der Wahrheit entspricht derselbe keineswegs; und da ich glauben will, dass es der Redaktion willkommener sein dürfte, die einmal aufgenommenen falschen Berichte in ihren eigenen Spalten berichtigen zu können, als solche in anderen Blättern wiederlegt zn sehen: so theile ich derselben die Art und Weise, wie die Mehrzahl der ungarischen und polnischen Flüchtlinge aus Kutabya abgeführt wurde, im Nachstehenden treu der Wahrheit, zur gefälligen Veröffentlichung, mit.

Am 4-ten Juni eröffnete Oberst Soleiman Bey vor Kossuth ämtlich den herabgelangten Beschluss der h. Pferte, dass von den Internirten 8, nämlich Kossuth, Batthyányi, 2 Perczel's, Vysocki, Asbóth, Gyurman und Lulley auch ferner noch bis 1-ten September l. J. in Kutaya cernirt bleiben, die übrigen aber als vollkommen frei in Broussa durch den Minister des Auswärtigen, Ali Pascha mit den nöthigen Pässen und Reisekosten versehn, und sonach im Hafen von Gemlek eingeschifft werden, ausdrücklich bemerkend, dass es Jedem frei gestellt bleibe, auch ferner in türkischem Gebieth — Kutahya ausgenommen — wo immer zu verweilen. Auf die Anfrage Kossuth's, was jenen bevorstände, die etwa die Leiden der Exils auch ferner noch mit den Internirten freiwillig theilen und ohne diese nicht Kutahya verlassen wollten? antwortete Soleiman Bey: dass er nur ermächtigt sei, ihm die Wahl von fünf Individuen zu gestatten, die übrigen aber alle ohne Ausnahme am 8-ten wo nöthig auch mit Gewalt abführen werde müssen.

Von Seite Österreichs fanden sich gleichzeitig als kaiserliche Komissaire Eder mit Jazmagy hier ein, bezogen fern von der Kaserne in bescheidener Zurückgezogenheit ein ganz verstecktes Privatquartier und wurden mit einer Wache von 30 Mann beehrt, wahrscheinlich um einerseits denen durch Herrn von Jazmagyi in eifriger Erfüllung seiner ehrenvollen Dienstobliegenheiten, denn die österreichische Regierung war und ist nie verlegen, sich ihrer Feinde auf jede mögliche Art zu entledigen, schon oft versuchten Vergiftungen und meuchelmörderischen Anschlägen zu steuern, anderseits aber diesen Herren kaiserlich-österreichischen Commissair selbst vor ähnlichen Ehrenbezeugungen zu bewahren, wie er sie vor Kurtzem in Constantinopel und der Herr kaiserlich-österreichische General-Feldzeugmeister Baron Haynau zu London in der Brauerei der H. H. Barclay et Comp. durch die ehrlichsten Repräsentanten englischen Geschäfts- und englischen Rechtssinnes handgreiflich zu erfahren das empfindliche Vergnügen hatte.

Bei solch energischen Vorschrifts-Massregeln bekamen wir denn die Herren kaiserlichen Komissaire gar nicht zu Gesicht, und sie stellten auch nur per ambages denen Freigesprochenen eine bedingte Amnestie mit dem wohlerwogenen Bedeuten in Aussicht, hierüber mit denen Betreffenden e i n z e l n verhandeln zu wollen doch zu niedrig und elend waren die Mittel durch die das . . . . denen . . . vertrauungsvoll treu ergeben gewesenen Ungarn das Schwert in die Hand zwang, zu blutig war der erbitterte Kampf für Recht, Freiheit und Vaterland, zu gross der Verlust, nach dem durch Verrath und russische Intervention herbeigeführten Fall, und zu . . . . . die väterliche Huld und Gnade . . . . gegen dieBetrogenen und Verrathenen, als das je ein Ungar, der diess alles überlebend noch Herz nnd Kopf behielt, ... glauben, von ihm etwas gutes hoffen oder aber ihm vergeben, geschweige von ihm, dem Sünder, eine Vergebung annehmen könnte. Und somit hat auch von den Kutahyaer Ungarn, mit den Söldlingen . . . . niemand verhandelt, dem einzigen Szőllősy ausgenommen, der nun wieder sein und das Heil der Völker im Schosse des Absolutismus aufgefundan zu haben scheint. — Tief also war und bleibt die Kluft zwischen uns und den Herrn kaiserlich-österreichischen Komissairen, doch um so mehr wurde Solejman Bey von Kossuth's Begleitern ununterbrochen mit Vorstellungen

bestürmt, denen allen der einzige Wunsch zu Grunde lag an dessen
Seite auch ferners noch belassen zu werden, und das Exil mit ihm
theilen zu dürfen. Diese dringenden Vorstellungen nun sowohl als
auch der durch mehrere entschieden ausgesprochene Entschluss
nur der überlegenen Gewalt weichen zu wollen, führten das Resul-
tat herbei, wornach nebst den Obengenannten noch als Freiwillige
13 Ungarn und 3 Polen, u. z. einige mit Zustimmung Solejman's
andere aber par force hier blieben, und die übrigen am 8-ten Vor-
mittags durch Soleyman dem Obristen Achmed Bey übergeben und
unter dessen Kommando durch eine Escadron Cavallerie nach
Gemlek escortirt wurden, begleitet von unserem sehnlichsten Wun-
sche, dass sie für die Zukunft die göttliche Vorsehung der väterli-
chen Obsorge Österreichs enthoben halten wolle.

Die Herrn kaiserlichen Commissaire verschwanden Tags
darauf, so wie sie kamen unsichtbar und spurlos gleich den bösen
Geistern, allenfalls mit dem vielleicht lohnendem Bewusstsein in
der Brust, durch ihre Sendung in das ferne Kutahya zum baldigen
Bankerott Österreichs auch ein Schärflein beigetragen zu haben.

Diess die treue Schilderung der Art und Weise wie die Mehr-
zahl der ungarischen und polnischen Flüchtlinge in Kutahya an-
geblich befreit, eigentlich aber gegen ihren Willen von denen Zu-
rückgehaltenen gewaltsam getrennt und hiedurch auch noch dieser
kleine Emigrations-Körper wohlberechnet zerstückelt wurde.

Vergleichen wir nun diese meine kurze Schilderung mit dem
obbezogenen Bericht aus Constantinopel, so stellen sich dessen über-
häufige Erdichtungen lächerlich heraus. Es heisst darin u. a. dass
„während der Anwesenheit der österreichischen Komissaire, wel-
chen ein Haus gegenüber der Kaserne eingeräumt worden war
— in Kutahya das Lied „Ein freies Leben führen wir" mehr-
mals in der Kaserne erscholl." — Nun aber hatten die Herren
kaiserlichen Kommissaire — wie oben erwähnt — fern von der
Kaserne ein ganz verstecktes Qaartier bezogen, das durch Gärten,
hohe Bäume, türkische Kuppel-Dampfbäder, mehrere Dervisch-
Moscheen, hohe Häuser und dazwischen liegende geräumige Mist-
stätten getrennt ist, und dessen Fenster überdiess sich in ganz ent-
gegengesetzter Richtung in ein enges Gässchen öffnen. Wenn ich
es demnach auch zugebe, dass die Spitzeln ein sehr feines Gehöhr
haben und auch Herrn von Jazmagyi diese Eigenschaft nicht ab-
spreche, so dürfte er doch — so spitzige Ohren er auch haben mag
— auf so eine bedeutende Entfernung und bei so vielen Zwischenge-

bäuden aus der Kaserne ein Lied, das darin n o c h n i e g e s u n g e n wurde, kaum vernommenhaben. — Mag übrigens sein, dass Herrn v. Jazmagyi, der gewöhnlich als Häuptling der im Solde Öster-reichs stehenden Stambuler Croaten-Räuberbande amtirt, auch nun während seiner ausserordentlichen Function als kaiserlich österreichischer Kommissair stets das vielleicht gewöhnte Räuberlied in den Ohren klang.

Ferner sagt der klassische Bericht, dass „am 8-ten Mai 85 der Flüchtlinge, worunter Mészáros, von Suleyman Bey den österreichischen Kommissairen, übergeben wurden und dass bei dem Akte der Übergabe der Anstand von Seite der Internirten vollkommen beobachtet worden, ein grosser Theil sogar begrüsste den Herrn Jazmagyi mit Achtung und Dankbarkeit als ihren Befreier, indem sie den Dank für die Sorge ihrer endlichen Befreiung von der österreichischen Regierung auf deren Repräsentanten übertrugen, welcher auch in seiner schwierigen Sendung durch Übung wahrer Humanität gegen gefangene Feinde sich die Hochachtung des bes-seren Theils der Emigration zu gewinnen wusste.“

Die Übergabe fand allerdings, wie auch ich oben bemerkte, am 8-ten statt und zwar eine halbe Stunde ausserhalb Kutahya in einem recht freundlichen Garten, wo Soleyman Bey im einladenden Schatten eines blüthenreichen Baumes auf ausgebreiteten Teppi-chen nach orientalischer Weise mit gekreuzten Füssen sitzend dem Obristen Achmed Bey auf einem 4 Ellen langen Papierstreifen das Namensverzeichniss der Abreisenden in Begleitung weniger Worte aber bedeutender Gesticulationen einhändigte, während die Betref-fenden einige Schritte seitwärts in einem orientalisch pittoresken Pavillon mit mehreren von uns zurückgebliebenen, die wir sie bis dahin begleitet hatten, ein recht frugales Frühstück einnahmen. Die Herrn kaiserlich österreichischen Kommissaire aber waren weder bei der Übergabe und Übernahme noch bei dem Frühstück be-theiligt.

Wie hätten nun die Internirten vis á vis des Herrn v. Jazma-gyi den angerühmten Anstand beobachten können, nachdem er nicht zugegen war, wie ihn mit der angeblichen Achtung und Dankbar-keit begrüssen können? da doch der gute Herr niemals und nir-gends zu sehen war; wie den Dank für die Sorge ihrer endlichen Befreiung von der österreichischen Regierung auf deren Repräsen-tenten übertragen können? da abgesehen davon, dass diese Sorge bei der belobten väterlich milden Regierung nie vorhanden war,

auch deren würdiger Repräsentant selbst sich nirgends zeigte; wie
hätte endlich Herr v. Jazmagyi in dieser seiner schwierigen Stel-
lung durch Übung wahrer Humanität gegen gefangene Feinde
sich die Hochachtung des besseren Theils der Emigration gewin-
nen können nachdem er — dato sed non concesso — dass er einen
Begriff von Humanität hat, weder mit dem besseren noch mit dem
schlechteren Theil der Emigration auch nur in geringste Berührung
kam. — Und dann du lieber Gott! „Sorge der österreichischen Re-
gierung für die Befreiung der Internirten und Übung wahrer Hu-
manität durch deren Repräsentaeten gegen gefangene Feinde!"
Wie könnten wohl überhaupt diese schönen Worte auf die öster-
reichische Regierung und deren Repräsentanten im Jahre 1851
noch angewendet werden? wo schon unmittelbar nach Beendigung
des Kampfes am 26-ten October 1849 im französischen Parlament
Victor Hugo bezüglich der österreichischen Politik Ungarn gegen-
über erklärte „dass die unzähligen Gewaltthätigkeiten, Gelderpres-
sungen, Beraubungen, Erschiessungen, Hinrichtungen in Masse
der Edelsten der Nation, dann die für heldenmüthige Männer er-
richteten Galgen, die öffentlichen Peitschungen der Damen von
Range, mit einem Wort alle diese Infamien die österreichische Re-
gierung an die Schandsäule Europa's stellten." — Eben so dräng-
ten sich die Reden im englischen Parlament am 7-ten Februar
1850 um ihren Tadel gegen Österreichs Verfahren mit edler Ent-
rüstung auszusprechen. Cockburne meinte „da Österreich die erha-
benste und gerechteste Sache, für die je eine Nation eingestanden,
blos mit Hülfe fremder Bajonette und des Verraths zu unterdrü-
cken vermochte: so sollte es mehr als irgend ein Sieger Nachsicht
und Milde üben, bei alle dem aber lässt sich Österreich zur
Schmach der Menschheit und des Jahrhunderts die grässlichsten
Executionen und schändlichsten Mordthaten zu Schulden kommen."

In Nordamerika endlich erwähnte Präsident Taylor bei Er-
öffnung des Congresses auf eine dem grossen freien Volke und des-
sen Leiter würdige Weise die Gräuel, die in der österreichischen
Monarchie von der Regierung begangen werden und General Cas
beantragte jede diplomatische Verbindung mit dem durch seine
Thaten entwürdigten Österreich abzubrechen.

Schon damals also hat die ganze gebildete Welt über Öster-
reich den Stab gebrochen. — Wie sehr aber seit dem dessen Regie-
rung vom Prinzip der wahren Humanität und vom Rechtssinn ge-
leitet wird, darüber spricht sich die öffentliche Meinung laut genug

aus. Tausende schmachten auch jetzt noch in den Kerkern, weil sie auf Befohl König Ferdinands der ungarischen Konstitution Treue geschworen und ihren Schwur gehalten haben; hunderttausende darben beraubt ihrer Habe, ihres Erwerbs, brotlos, möchten auswandern und dürfen nicht, Hinrichtungen sind noch immer an der Tagesordnung — der eine wird kriegsrechtlich erschossen, weil er Cigarren raucht, der andere wird kriegsrechtlich erschossen, weil er keine Cigarren raucht.

Und nach all diesem beschuldigt nach der konstantinopoler Berichterstatter die österreichische Regierung und deren Repräsentanten „mit der Übung wahrer Humanität gegen gefangene Feinde!!!" dies ist himmelschreiend! Gegen diese und ähnliche Beschuldigungen müssen auch wir im fernen Kutahya feierlichst protestiren. *)

A s b ó t h, m. p.

---

*) A pontozott kitételek bizonyára menthetök voltak az iszonyu veszteségek s a kétségbeesés súlya alatt, de ma az ismét kiujúlt dynastikus közérzületet sértenék s ugy kimaradtak annál is inkább, mivel ez által sem az értelem, sem az irat szelleme nem csorbúl, s az ily pontozás mindig jobb, önkényes változtatásnál.

(Magyar fordítása a válasznak.)

Kutaya, 1851. junius 23-án.

Az „Allg. Ztg" 151. száma Constantinápolyból május 17-éről keltezett jelentést tartalmaz a menekültek ügyének állitólag végleges eldöntéséről. — Nem tudom, vajjon e dagályos jelentés mennyiben felel·e meg a benne magasztalt ugynevezett Jazmagyi ur mindenkor dicséretes czéljainak, de az igazságnak semmi esetre sem felel meg ; és miathogy hinni akarom, hogy a szerkesztőség örvend, ha az egyszer felvett hamis tudósitásokat saját lapjában rectifikálhatja: közlöm vele azon módot, mely szerint a magyar és lengyel menekültek legnagyobb része Kutayából eltávolittatott a következőkben hiven az igazsághoz, közzététel végett.

Május 4 én nyilvánitotta Solejman bey ezredes Kossuth előtt a fényes portának leérkezett határozatát, hogy 8-an a belebbezettek közül, jelesen K o s s u t h, B a t t h á n y i 2 P e r - c z e l, V y s o c k i, A s b ó t h, G y u r m á n és L u l l e y továbbra is, f. évi szept. 1-ig belebbezve maradnak, a többiek pedig mint teljesen szabadok Broussában Aali basa külügyér által uti levelekkel és a költségekkel elláttatnak és aztán Gemlek kikötőjében hajóra tétetnek, határozottan megjegyezve, hogy mindenkinek szabadságában áll ezentúl is török földön — Kutayát kivéve bárhol maradni. Kossuth kérdésére vajjon mi vár azokra, a kik a számkivetés szenvedéseit önként is tovább osztva a belebbezettek-

4*

kel Kutayát elhagyni nem akarnák? Solejman bey azt vála-
szolta: hogy ő csak arra van felhatalmazva, neki öt egyén
kiválasztását megengedni, a többieket kivétel nélkül 8-án
ha kell karhatalommal is el kell szállittatnia.

Ausztria részéről egyuttal ide érkezett mint császári
biztos Eder és Jazmagyi, távol a kaszárnyától szerény
megvonultságban egészen rejtett magánszállást vettek és
30 embernyi őrséggel tiszteltettek meg, valószinüleg hogy
a Jazmagyi ur által, nyilván tiszteletreméltó szolgálati kö-
telességeinek buzgó teljesitésében — mert hisz az osztrák
kormány soha sem volt és nincs zavarban ellenségétől bármi
módon menekülni — már többször megkisérlett mérgezé-
sek és orzó tervek meghiusittassanak, más részről pedig
hogy maga a csázári biztos ur hasonló tisztelgések elől
megóvassék, mint a minőkben Constantinápolyban nem
rég magának, Londonban pedig a cs. osztrák tbszrnagy
báró Haynau urnak Barclay és trs. sörházában az an-
gol üzleti és jogi gondolkodásmód legbecsületesebb kép-
viselői által részesülni érzékeny szerencséje volt.

Ennyire erélyes elővigyázati rendszabályok mellett a
császári biztos urak tehát nem is kerültek szemünk elé és
csupán per ambages helyeztek a felmentetteknek feltételes
kegyelmet kilátásba, azon jól megfontolt megjegyzéssel,
hogy erről az illetőkkel egyenként akarnak értekezni: de
sokkal alacsonyabbak és nyomorultabbak voltak az eszkö-
zök, melyekkel a ..... bizalomteljesen hódoló Magyarország-
nak kezébe nyomatott a kard, sokkal véresebb volt az elkese-
redett harcz jogért, szabadságért és hazáért sokkal nagyobb
a veszteség az árulás és orosz beavatkozás által előidézett
bukás után és sokkal .... a kegyelem ....
a megcsaltak és elárultak iránt, semhogy valaha magyar,
a ki mind ezt túlélve, megőrizte szivét és fejét, ...
.... hihessen, attól jót remélhessen, vagy annak
megbocsáthasson, nem hogy tőle, a bünöstől bocsánatot

fogadjon el. — És igy a kutayai magyarok közül sem értekezett senki sem . . . . zsoldosaival, az egyetlen Szőlőssyt kivéve, a ki ugy látszik ismét feltalálta saját és a népek üdvét az absolutsmus ölén.

Meg volt és marad tehát a szakadás köztünk és a császári biztos urak közt, de annál inkább ostromoltatott Solejman bey Kossuth kisérőitől előterjesztesékkel, melyek valamennyiének alapjául szolgált az óhaj, oldalán maradhatni és vele osztani a számkivetést. E nyomatékkal kifejezett óhaj, ugy mint a többektől elszántan kinyilatkoztatott határozat, hogy engedni csak a tulnyomó erőszaknak fognak, azt eredményezte, hogy a fentnevezetteken kivül mint önkéntes még 13 magyar és 3 lengyel és pedig némelyek Solejman beleegyezésével, mások azonban erővel is itt maradtak, mig e többiek 8-án reggel Ahmed bey ezredesnek adattak át és ennek parancsnoksága alatt egy lovasszázad által Gemlekbe szállittattak, kisérve sovár óhajtunkól, hogy jövőre az isteni gondviselés őket mentse fel Ausztria atyai gondoskodása alól.

A következő napon eltüntek a császári biztos urak, láthatatlanul ugy amint jöttek, és nyomtalanul mint a gonosz szellemek, keblükben meglehet annak jutalmazó tudatával, hogy a távol Kutayába kiküldetésük által némileg tán szintén hozzájárultak Ausztria közeli bankrottjához. Hü előadása ez azon módnak, a hogy a magyar és lengyel menekültek nagyobb része Kutayából állitólag szabadult, valójában azonban akarata ellenére a visszatartóztattaktól erőszakosan elválasztatott és ez által még ez a kis menekült testület is jó számitással feldaraboltatott.

Ha egybevetjük e rövid tudósitásomat a konstántinápolyi hivatkozott jelentéssel, nevetségeseknek tünnek ki annak túlhalmozott költeményei. Azt mondja a jelentés többek közt, hogy az osztrák biztosok jelenléte alatt, a kiknek egy a kaszárnyával szembe levő ház engedtetett át,

Kutayában többször hangzott a kaszárnyábau a dal: „Ein freies Leben führen wir." — A császári biztosok azonban, mint fennebb emlitém — a kaszárnyától távol eső. elrejtett lakba szálltak, mely kertek, magas fák és kupolyás török fürdők, több dervis- mecset, magas házak, közbeeső szemétdombok által el volt választva és melynek ablakai ezenfelül egészen ellenkező irányban egy kis utczára nyilnak. Ha tehát meg is engedem, hogy a szaglászoknak igen finom hallásuk van, és Jazmagyi urtól sem tagadom meg e tulajdont, mégis — bármily hegyes füle is volna, — ily nagy távolságra és ennyi közbeeső épület mellett alig hallhatott a kaszárnyából oly dalt — melyet ott soha nem is énekeltek. — Meglehet azonban, hogy Jazmagyi urnak, a ki rendszerint mint az osztrák szolgálatban álló constantinápolyi horvát rablóbanda feje szerepel, e rendkivüli müködésében is mint osztrák biztosnak, tán a szokott rablódal csengett fülében.

Továbbá azt mondja a remek jelentés, hogy május 8-án 85. a menekültek közül, köztük Mészáros is, Solejman által az osztrák biztosoknak átadatott, és hogy az átadás tényénél az illemet a belebbezettek teljesen megóvták, sőt egy jó rész tisztelet-és hálateljesen üdvözölte Jazmagyi urat mint szabaditóját, a mennyiben a hálát végre kiszabadulásukért az osztrák kormánytól képviselőjére vitték át, a ki nehéz küldetésében valódi humanitás gyakorlása által szemben ellenségeivel is ki tudta vivni az emigrátió jobb részének becsülését.

Igaz, hogy az átadás, a mint magam is megjegyeztem 8-án történt meg, és pedig egy Kutayától félórányira fekvő barátságos kertben, a hol Solejman bey egy virágdús fának nyugalomra hivó árnyában keleti szokás szerint keresztbe tett lábakkal a kiteritett szőnyegeken, — Ahmed bey ezredesnek 4 rőfös papirszelvényen adta át az elutazók névjegyzékét néhány szónak, de jelentékeny taglejtéseknek kíséretében, mig az illetők nehány lépésnyivel félre, keletiesen festői pavillonban maradtak nehányunkkal, a kik addig kisértük őket és ottan igen frugálisan reggeliztünk. A császári biztos urak azonban sem az átadásban, sem az átvevésben, sem a reggeliben nem részesültek.

Hogy óvhatták volna már most a belebbezettek Jazmagyi ur ellenében a dicsért illemet, miután ő jelen sem volt, és hogyan üdvözölhették volna az állítolagos tisztelettel és hálával? a midőn a jó ur soha és sehol sem volt látható; hogy vihették volna át köszönetüket a végre megszabadításukérti gondoskodásért az osztrák kormánytól képviselőjére? midőn eltekintve attól, hogy a gondoskodás a fendicsért atyailag kegyes osztrák kormányban soha meg sem volt, méltó képviselője sehol nem is mutatkozott; hogy vívhatta volna ki továbbá Jazmagyi ur nehéz állásában igazi humanitás gyakorlata által ellenségei ellenében az emigrátió jobb részének becsületét, miután ő — dato sed non concesso — hogy fogalma van a humanitásról, a legkisebb érintkezésbe sem jött az emigrátiónak sem jobbik, sem roszabbik részével? — És aztán, boldog isten! „Az osztrák kormány gondoskodása a belebbezettek kiszabadításáról és igazi humanitás gyakorlata, képviselője által, ellenségei ellenében!" hogy 'alkalmazhatni átalján még e szép szavakat 1851-ben az osztrák kormányra és képviselőjére? holott már közvetlen a hadjárat befejezése után 1849 oct. 19-én a franczia parlamentben Hugo Victor kinyilatkoztatta az osztrák politikára Magyarország ellenében, „hogy a megszámlálhatlan erőszakoskodások, pénzkicsikorások, fosztogatások, főbelövetések, tömeges kivégzése a nemzet legnemesebbjeinek, a hősies férfiak számára felállított akasztófák, főrangu hölgyek nyilvános botozása, egy szóval mindez infámiák az osztrák kormányt Európa gyalázat-oszlopára helyezték." — Ép ugy igyekeztek az angol parlamentben febr. 7-én 1850. tartott beszédek nemes megbotránkozással roszalásuknak kifejezést adni Ausztria eljárása ellenében. Cockburne ugy vélekedett, „minthogy Asztria a legmagasztosabb és legigazságosabb ügyet, melyért nemzet sikra szállott valaha, csak idegen szuronyok és az árulás segélyével tudta elnyomni; inkább mint bármily győző köteles volna elnézést és szelidséget gyakorolni, daczára ennek azonban Ausztria az emberiség és a század szégyenére a legiszonyubb végrehajtásokkal és a leggyalázatosabb gyilkolásokkal terheli magát."

Éjszakamerikában végre Taylor elnök a congressus megnyitásánál a szabad nagy néphez és vezetőjéhez méltó módon emlékezett meg az osztrák birodalomban a kormánytól elkövetett iszonyokról, és Cas tbk. a tettei által lealacsonyult Asztriával minden összeköttetések megszakitását hozta javaslatba.

Akkor már tehát pálczát tört volt az összes mivelt világ Ausztria felett. — Mennyire vezéreltetik azonban azóta is kormánya igaz humanitástól, jogérzettől, arról elég hangosan beszél a közvélemény. Ezren szenvednek most is a börtönben, mivel Ferdinand király parancsára felesküdtek a magyar alkotmányra, és esküjöket megtartották; százezren szükölködnek vagyonuktól, keresetüktől megfosztva, kenyér nélkül, szeretnének kibujdosni, de nem szabad. Napirenden vannak most is a kivégzések, az egyiket hadbiróságilag főbelövik, mert szivarozik, a másikat hadbiróságilag főbelövik, mert nem szivarozik.

És mind ezekután még avval vádolja a constantinápolyi tudósitó az osztrák kormányt és képviselőjét, hogy „igazhumanitást gyakorol fogoly ellenségein!!!" ez égbekiáltó! Ilyen és hasonló vádak ellenében nekünk is a távol Kutayában tiltakoznunk kell.

Asbóth.

II.

(Török kelet)

(A szultán pecsétje)

Au Nom De Sa Majesté Le Sultan.

Signalement:

Age
Taille
Cheveux
Front
Soureils
Yeux
Nez
Bouche
Barbe
Mentan
Visage
Teint
Signes Parti-
culiers

Nous Ministre Secrétaire d'Etats des Affaires Etrangères, Prions les Officiers Civils et Militaires, chargés de maintenir l'Ordre public dans tous les Pays amis ou alliés de la Sublime Porte, de laisser passer librement Mons. Alexandre d' Asbóth se rendant de Cutahia a l' étranger — — — — — — — et de lui donner aide et protection en cas de besoin· Delivré a Constantinople le 6 Zikade 1267 de l'Hegire. Le 4. septembre 1851.

Le Ministre des Affaires
Etrangères.

Signature du Porteur

(H. S.) Aali m. p.

(Magyar fordítás.)

Ö Felsége a sultán nevében.

Leirás:

Kor
Termet
Haj
Homlok
Szemöldök
Szem
Orr
Száj
Szakáll
Áll
Arcz
Arczszin
Külön.jelek

Mi, a külügyek államminisztere, kérjük a közrend fentartásával megbizott polgári és katonai tiszteket a fényes portával barátságos vagy szövetkezet minden országban, hogy szabadon hagyják közlekedni Asbóth Sándor urat, a ki Kutayából külföldre utazik és szükség esetén neki segélyt és pártfogást nyujtsanak. Kiadva Constántinápolyban 6-ik zikádban a Hedsra 1267-ik évében. 1851 szept. 4·

A külügyek minisztere

A tulajdonos aláirása.

(H. P.)   Aali m. p.

V.

1 8 5 2.

I.

KOSSUTH ASBÓTH SÁNDORHOZ.

(FEGYVEREK, TÖRÖK KÖLCSÖN ÉS A MAGYARORSZÁGBA VALÓ
BETÖRÉS ÜGYÉBEN. 11 LEVÉL.)

II.

SZIRMAI PÁL LEVELE

AZ EUROPAI EMIGRATIÓ PÁRTOSKODÁSAIRÓL.

MÁJUS 25.

III.

HAJNIK LEVELE

ASBÓTH SÁNDORHOZ,

AZ EMIGRÁNSOK SZEMÉLYES VISZONYAIRÓL.

OKTOBER 12.

Washington, jan. 5. 1852.

Kedves alezredes ur!

A portativ typographiát minden betükkel s egész készülettel azonnal expidiálja Constantinápolyba ily czim alatt:

Cesare Parrini.

Direzioni dei vapori Francesi.

Constantinapoli
in Galata.

De az egész expeditiót ugy kell tenni, hogy senki még csak ne is gyanitsa, hogy tőlem megyen.

A collire ezen jegy menjen „S. B. 800". Frankirozni kell — ha nincs reá pénz — kérjen Sacchitól addig, mig tudván mennyi az összeg, azonnal kifizetem.

Kérem, azonnal rendeljen egy másik typographiát ugyan azon áron nekem.

szives barátsággal
Kossuth.

L. Colonel Alex. Asbóth.

Irving House
New-York city
N. Y.

----

11. Kensington Park Terrace
Nottinghill London, jul. 28. 1852.

Kedves alezredes ur!

Felteszem hogy tudósitása már utban van arról, megkapta-e a pénzt s Sacchi egészen kifizettetett-e Nelson ur által, s a 6000 fegyver átment-e a többihez? — ezt hát várva: addig, mig jelentését kapom, erről nem irok — ha nem történt — jelentését véve intézkedem azonnal.

Most csak két dologról:

Egy millió dollárnyi kölcsön bond-okra van sürgető szükségem — a bondok ügye egy philadelphiai comittee kezébe lévén le téve: Hajnik mint illető manipuláns kap ma tőlem utasitást azt effectuáltatni. A levélre irtam, hogy Hajnik távollétében önnek adassék át. — Kérem tehát ez esetben a Hajniknak irott levelet magának irott gyanánt venni, s a benne foglalt utasitás szerint cselekedni. A dolog igen fontos, egy percz halaszt´ást sem szenved.

Ha a fegyverek között pisztolyok volnának vagy azóta jöttek volna, kérem azokat Foresti urnak (olasz emigrans) átadni ha legalább 50 pár van, de mind a mi ezen felül volna is — ha kevesebb volna 50-nél, akkor nem méltó.

Hazulról igen jó hirek jöttek, ugy látszik hamarább lesz dolgunk mint gondoltam.

Irjon mindenről. Hugom állapotjáról különösen.

Russelnek ide zárom a kivánt levelet. Ön bizonyitványát a jövő hajóval — a paszomántokat két hét mulva

Isten áldja önt!

Asbóth Sándor,
alezredes urnak
N.-York

szives barátja
Kossuth.

25-én érkeztem Londonba.

Jó utunk volt, nem voltunk betegek. Gyermekeimet jól találtam.

Kérem, legyen szives valamely jó ügyvédtől nekem pontos értesitést szerezni, szabad-e s minő formák és feltételek alatt ott-benn lakó idegennek az E. státusokban, különösen New-Yorkban földet tulajdonúl birni.

Kensington Perk Terrace
Nottinghill London jul. 29 1852.

Kedves alezredes ur!

Kmety tábornok ur, magával hozta Tóth István századost, kire tán emlékezni fog ön Viddinből, minthogy ott megházasodott, az egyik Lévay leányt vévén nőűl. Tóth derék katona, tiszta mint az arany, bátor és vitéz, de egyebet ezen kivül nem igen tud. A tábornok igéretet tőn neki, hogy róla gondoskodni fog. s most maga is szükségben lévén, engem szólitott fel. segiteném őt ideiglenesen valamely elélési módhoz Amerikában.

Pusztán ajánlólevelekkel az inségnek nem akarom neki küldeni, azért kérem alezredes urat, nézzen szét, s tudósitson, akadna-e valami munkahely számára, a mely nem bizonytalan.

Tudom, hogy bajos a dolog. Mert Tóth nem tud angolul, s nem semmi mesterséget. — Mindössze is jó lovász, s jó kocsis. „Drivex"-nek valami nagy lótartó fuvaros mellé alkalmas volna, — a mellett a mészáros mesterséghez is ért. A kézimunkától egyátaljában nem vonakodnék, csak állandó keresetet adna. — Beszél magyarúl, németül.

Neje szintén magyarul, németül s egy kicsit angolul. Sütni, főzni, varrni s háztartani tud.

Nagyon lekötelezne, ha tudna rajta valahogy segiteni, mert ő maga is megérdemli a pártfogást s Kmettynek is szeretném kedvét teljesiteni.

A legőszintébb érzéssel

barátja
Kossuth.

Ha raktárunkban nem volnának pisztolyok, kérem, iparkodjék mindenesetre rögtön szerezni 200 párt, ha 3

hónapi hitelre megkaphatja 5 — 5 ½ dollár-jával párját. —
És adja át azon pisztolyokat rögtön Foresti urnak.

Az ide zárt leveleket kérem részint azonnal átadni,
részint postára tenni.

London, aug. 6. 1852.

Asbóth Sándor alezredes urnak!

Nagyon sürgető dolgaim lévén, ma alig lelek időt
jul. 24-kei levelére sietve következőket válaszolni.

Némely amerikai emberektől sok mindenféle dolgo-
kat tapasztaltam, de ilyet mint ez a Hitchock-Galaratti
história, csakugyan még ott Amerikában sem. Közlöm a
dolgot, a mennyiben el akarom alezredes urat látni a szük-
séges tudomással, hogy belátása szerént nyilvánosságra
is adhassa, s minden szükséges módon használhassa. Julius
1-ső napjaiban bejelenteti magát egy Galaratti nevü ember,
kinek annakelőtte soha nevét sem hallottam, beeresztet-
vén elbeszéli: hogy neki Turinban 5000 fegyvere van
maradék egy nagyobb mennyiségből, melyet egy St. Eti-
enni gyárból 1848-ban Carlo Albert számára liverirozott
s felszólit, nem akarnám-e azt megvenni, Malta szigetén
átadandót? Megköszöntem, mondván, hogy nincs pénzem
e vételbe most ereszkedni, mire azt felelte, hogy azt ne te-
kintsem akadálynak, mert utasitása van nekem e részben
minden könnyitést megadni. Ő a fegyvereket Maltába szál-
litatja, letároztatja, s magát kötelezi két évig másnak el
nem adni, nekem pedig szabadságot ad két év alatt ha
tetszik átvenni 24 francjával darabját, s csak akkor és
annyit fizetni, a mikor és mennyit átvétetek. Mire azt fe-
leltem, hogy ha ugy érti, hogy én ne legyek kénytelen át-
venni, de ha tetszeni fog s lesz módom á' vehessem, ugy
én minthogy semmi positiv kötelezettség nem hárul reám,
ajánlatát elfogadom. Ha tehát akarja, irjon nekem egy oly

levelet, minőt a kereskedelmi világban szerződés gyanánt használnak, s én irok neki választ, hogy elfogadom a szerződési ajánlatot.

Ezt megtette. Irván nekem az ./· alatti levelet (melyet eredetiben ide zárok. Mire én feleltem neki a .//· alatt visszarekesztett levéllel — az embert egyébaránt nem ismertem, s nem ismerem; az ellen, hogy engem bolonddá tehessen, biztositva voltam az által, hogy semmit sem köteleztem fizetni, mint csupán azon esetre, ha a fegyvereket Maltából átveszem s átvennem tetszik.

Ezzel a dolognak vége volt.

Egy pár nap mulva ismét eljött s kérdé nem akarok-e ágyukat venni s puskatöltényeket? Kérdém: hol van az ágyu? mondá, hogy N.-Yorkban. Mire felelém, hogy a töltények iránt csak ugy alkudnék, ha azokat Maltában a puskákkal együtt s hasonló feltételek alatt adná át megbizandó emberemnek, az ágyukat azonban megnézetem László tüzértiszt ur által, árát is megtudakozván, mit ő fontjával 40 centre mondott. Mire Lászlót el is küldtem vele, nézze meg az ágyukat s tegyen jelentést minőségükről, mint szintén caliberjük furási arányáról is. László el is ment vele, hová? hová nem? nem tudom, a Hitchkok nevet életemben soha sem hallottam, s jelenté, hogy látott egy raktárban 6 ágyut: jók, ujak, s furásuk ilyen és ilyen (a mienktől különböző). Tovább a dolog nem ment, mert az árát nagynak, s furási diametert számunkra alkalmatlannak találván, nem tetszett a vételbe ereszkednem.

Az utolsó napokban Bethlen jelenté, hogy valami ember kiván ágyuk iránt szólani; leizentem, hogy dolgom lévén annálinkább el nem fogadhatom, mert nem szándékozom ágyukat venni. — Ismét tudakozódott valjon Gallanati az én megbizottam-e? mire leizentem, hogy nekem nem megbizottam, hanem vagyok vele egy áruszerződési érintkezésben 5000 fegyver iránt, miket nekem Maltában el- és átadni ajánlkozott, s nekem e részben igen becsületes ajánlatot tett.

Ennyi a dolog. Már most ugy látszik, hogy Gallanati egy gaz „Schwindler", ki nekem csak azért tett oly ajánlatot, miszerint arról elismerésemet birván, magának másnál hitelt szerezzen, s ugy látszik a nekem kötelezett 5000 fegyver csak a levegőben van. Jó, engem meg nem csalt, mert én semmi kötelezést nem vállaltam; s én ilyen feltételü szerződést bizon mindig elfogadok, mert ha teljesitik, jó, ha nem, az sem baj.

De hogy Hitchkok ur mit akar velem? quo jure alkalmatlankodik énnekem, azt csakugyan nehéz megfogni. Gallanatit én nem biztam meg, sem Hitchkock urral, sem más akárkiveli egyezkedésre, s az ön által Hitchkock urtól közlött contractusból még azt is látom, hogy Gallanati nem is kötött senki más nevében szerződést vele, mint a maga nevében. Hát mi közöm nekem az egész dologhoz? Ép oly joggal kivánhatnám én Hitchkock urtól, hogy teljesitse irányomban Gallanati helyett az 5000 fegyveres contractust, mint hogy én teljesitsem az ő ágyucontractusát; pereljen azzal a kivel kötött, nekem vele semmi dolgom; én bizonyossá tehetem, hogy miután törvény és biró van Americában, ha ő vagy akárki az én vagyonomat meri illetni, fogok tudni magamnak igazságot keresni.

Nelsontól várom a jelentést eljárásáról, még nem kaptam; csak azt nem értem, miért nem vitték a 6000 fegyvert (ha a reá még hátra volt 6000 dollárt kifizette) a 7500 másikhoz a helyett, hogy ezt is más raktárba vitték s most fuvarbért s két raktárt fizettetnek velem egy helyett.

Zsulavszkyék iránt eljövetelem előtt intézkedvén, nincs semmi tovább intézkedni való. Tegyenek a mint én javaslám, vagy lássák mit cselekszenek.

Többet a jövő hajóval.

szives barátja
Kossuth.

Idezárom a Hitchkock levelére való feleletemet, kérem rekeszsze hozzá copiáját a Gallanati eredetiben idezárt puskaszerződési levelének, s adja által Hitchkcok urnak.

Édes barátom!

Tömérdek foglalatossággal elhalmozva csak igen röviden irhatok, s e levelet egyszersmind Hajniknak is irott gyanánt kérem vétetni, mert nem tudom, melyiköket találja New-Yorkban, s a dolog igen sürgős.

Nelson urat utasitottam, hogy a kezeinél felülmaradandó pénzt nekem azonnal küldje el. Mert előre látom, hogy itt oly rohammal jövendnek reám a közügyi költségek, hogy lehetetlen leend azokat hátramaradás nélkül fedeznem. — Ő azonban e helyett a pénzt bankba tette — a mint irja — s még nemcsak a maradékot, de azon 600 dollárt is, melyet egy embernek kell vala ott fizetni, ki azonban azt nem várta be, hanem eljárt a reá bizottakban s ide húzott reám váltót, melyet itt kellett váratlan költségül kifizetnem. — Azért az ide rekesztett levelet irom Nelsonnak, sok egyéb fontos tárgya van, legsürgetősebb a pénz elküldése: kérem hát legyen szives azt azonnal biztosan kezébe adni. — Ha New-Yorkban van, ugy nincs baj, de ha nincs? ugy alig tudok más módot, mint George Saunders urat felkeresni s őt megkérni, hogy, ha tudja hol van a pénz Nelson által letéve, annak azonnali ide küldését legyen szives eszközölni: — van pedig két összeg, egyik 2132 dollár, másik a ki nem fizetett 600 dol., ebből ugy rendelkeztem a levélben, hogy a maradékból 600 dollárt Nelson ur megtartván, a többit a másik 600 dollárral együtt tegye le L. et W. Burchard házuál New-Yorkban, azon utasitással, hogy azt váltóban E. Sieveking et Son itteni bankárházhoz küldje azonnal számomra Londonba. Kérem ezt effectuálni, mert nagy zavarba jövök, ha első hajóval a pénz meg nem jő.

Ha azonban Philadelphiában a magyar bankjegyekérti fizetésből még hiányzó 400 dollár fizetése sürgős, a
munka készen, s a comittee cassájában még semmi pénz
nem volna, ugy az ide küldetni rendelt 2132 dollárból
ezen 400-at megtartani s Philadelphiába átküldeni Hajnik
barátomat felhatalmazom.

Philadelphiai jelentését e perczben veszem, köszönöm. Igen jól van. Csak energice látnának azon urak a
dologhoz, lehetne sikere. — A szerdai gőzössel elküldendem a pótló felhatalmazást a substitutióra, mint szintén hazámfiai adreszére is a választ. Jól esett sebhedt szivemnek
e magasztalás. — Csak egyesség, egyesség, s rés ne nyiljék az erőbontó ármánynak, a többit meghozza még Isten.

Asbóth barátomat kérem, senki mással nem szólva proponáljon nekem az ottani derék s hűlelkü magyarokból —
cadres-eket — vagyis állitsa össze a jókat cadresekbe, ugy
gyalogság, mint lovasság számára, hogy, ha a felszólitás
percze eljő (pedig mondhatom nagyon is zúg a közelgő
vihar,) ne kellessék kapkodni, hanem készen legyen összeállitva; különösen designáltassanak a zászlóaljparancsnokságra alkalmas századosok és a bataillon-adjutánsok, ugy
a dandár generalstäblerségre alkalmatos egyéniségek s a
tüzérség is. — Ez fontos és sürgetősb mint gondolnák.

A park iránti levél Kingslandhoz ide van zárva.

Hajnik utasitását vegye s tudósitsa Tiedemant is,
hogy ha mi pénz jönne be a bizottmányi költségeken felül. az legyen sok legyen kevés, 14 napról 14 napra nekem
destinationális kimutatás mellett, minden további kérdés
nélkül küldjék el — azon uton, melyet fentebb irtam.

Asbóthra kérem első levelében emlékeztessen, mit
kell még megirnom — bizonyitványán kivül — fejem zúg
mint a szélmalom, feledékenynyé kezdek lenni.

A két hazánkfiának, ki iránt czédula van ide rekesztve, ha alkalmazást szerezhetne nagyon lekötelezne. — Stillmann és társainak szállásukhoz nem igen messze, de nem tudom mi czim alatt, egy igen nagy öntődéje s gép- és golyógyára van a folyó mentében. Stillmann jó emberem. Westert (derék fiu) nevemben annak kellene ajánlani.

Zsulavszkyék ugy látom erőnek erejével okosabbak akarnak lenni nálamnál, s még ez americai „business" élet hiányait is jobban ismeri egy hét alatt, mint mi keserves tapasztalások után megismertük hónapok alatt. Lássák, vegyék fel ha tetszik a nekik hagyott pénzt mind Kingslandtól mind Spelletichtől, s Isten adja, ne bánják meg soha, hogy maguk tanácsán indúltak.

Őszinte szives érzettel
Kossuth.

Nagyon várom az egy millió kölcsönjegy iránt küldött levelem resultatumát, kapták-e?

L. Colonel Alexand. Asbóth,
54 East 16. Street
New-York.
Láttam aug. 26-án, Hajnik.

———

Kensington Park Terrace
Nottinghill London, szept. 9. 1852.

Kedves alezredes ur!

Aug. 27-ki ma érkezett levelére, a posta indulván, csak igen röviden s sietve felelhetek.

Nem látom által, hogy a Hitchkock és Gallanati közti viszonyt illető levelemet miért kell bizni ügyvédi működésre? nekem a dologhoz semmi kigondolható közöm nem lévén, teljességgel nincs mit tartózkodni levelemet átadni; — sőt minthogy az egészben nincs más czél, mint a Heraldféle impostoroknak (kiket csodálom, hogy nem akad ember, a ki egyszer ránczba szedje) rágalmakra módot nyujtani, én inkább azt látom érdekünkben lenni, hogy a dologból semmi titok ne csináltassék, sőt levelem a hirlapokban is kellő commentárral közöltessék.

Nelsontól a pénz nem érkezett meg, mi nekem valóban igen nagy zavart okoz, megakasztván nem lármás, de annál tevékenyebb activitásom számitásában. — Kérem, lásson utána, megtörtént-e az elküldés?

A cadres-ket illetőleg a dolog épen ellenkezőleg áll, mint alezredes ur felfogja. Semmi nem lévén bizonytalanabb, mint emberek szivét s capacitását ismerni, és semmiben sem lévén könnyebb tévedni, és egy ember különben is mind nem ismerhetvén, czélom teljességgel nem az volt, hogy alezredes ur Biróékkal ebben a dologban egyetértve járjon el, hanem ellenkezőleg ép az, hogy egymás véleményéről semmit sem tudva külön járjanak el... mert különböző kutfőkből kivántam az előttem ismeretlenekről informatiót kapni s azoknak összevetéséből képezni magamnak véleményt. — A hol személyválasztásról van szó ismeretlenek körül, mindig igy szoktam s fogok eljárni. Most a dolog egészen el van tévesztve. Az informatio csak unilaterális lehet. — Ezért irtam kegyednek is külön, Biróéknak is külön és egy harmadiknak is külön. — Tárgyról magam szoktam magamnak véleményt képezni, de ismeretlen személyekről az nem lehet, azért akarok több oldalróli informatiót, mert ha ilyenek történetesen összevágnak, garantiául szolgálnak a választásban. Ezért irtam mindenkinek, hogy mással senkivel ne közölje, Biróék meghagyásomat megszegték, azért tessék nekik megmondani, hogy rájok többé confidentialis dolgot nem bizok. — Katonának nem szabad dispensálgatni a megbizással, hanem tenni ad literam, a mi meghagyatik s hallgatni. — Birót én a generalstabhoz szántam; ennek első tulajdona hallgatni tudni, ugy látszik a 3. magyar ehez nem ért, sajnálom.

Ugy látom. Sámonton utján a betegek nem kapják meg az 500 dollárt. — Tessék neki megmondani, hogy én az előbeszéd irására teljességgel, de teljességgel eddig reá nem érvén, megmondtam a themát s tartalmát Pulszkinak s őt szólitám fel, hogy irjon nevemben, napról napra halasztotta, nincs készen.

Azért minthogy Massachusetsben a könyvem kijött, ide rekesztve küldök egy levelet Dr. Howe urnak Bostonba, felkérvén őt, hogy azon könyv jövedelméből 600 tallért adjon át önnek, ha összecsinálhatja. Ha teszi, tessék 500-at azon czélra forditani 100-at magának tartva. — Ha nem teszi, ugy nem lesz más mód, mint innen küldeni, de ez időbe kerül, mert itt ugyan nagy financialis dolgokba fogtam; de belekerül 6 hét, mig realisalva lesz — mert nem dolláros koldulás körül forog a dolog.

Kérem az idezárt levelet Drapernek és Kingslandnak átadni.

Zsulavszkiné pénze iránt irtam Kingslandnak már hetek előtt, hogy — adja át — csináljanak, a mit akarnak, ahol az én tanácsomat nem csak nem követik, sőt segitségemet fitymálják, ott nekem semmi dolgom többé.

Azt irja Hajnik, hogy a jovai telepedést elismerés helyett siberiai számüzéshez hasonlitják. Bizony szép, hát Ujházy, Spelletich, Majthényi, Madarász, Varga stb. Siberiaba exilálták magukat? vagy azon ezerek, kik naponta Dovenporthoz telepednek? Siberia az, hol a föld értéke 3 hónap alatt oly mértékben megduplázta a capitálist, a mint nyugoti New-Yorkban 5 év alatt nem duplázhatja! — Lássák. Ide rekesztve megy Zsulavszkynénak egy levele s benne a pénzfelvételi felhatalmazás.

Hajnik bolondot csinál a visszajövetelével. — Ilyenek az emberek.

Dunfonthnak a jövő hajóval elküldöm a 189 dollárt a nyomtatásért — ma már váltót van teremthetek.

Kérem igen szivesen, Sedgevick urat kérdje meg: valljon ott nem lakó, s nem is intertionált polgár — idegen, léphet e ott lakó polgárral földvételi társaságba, biztosan. minthogy maga egyedül látom nem birhat.

A Kingsland levele sürgős és fontos, kérem személyes átadását.

A jövő heti szombati hajóval fontosat gondolok irhatni, ha addig megérkeznek várt leveleim.

Ölelem meleg barátsággal

Kossuth

Szedlák hova ment? Angliába vagy haza?

London, octob. 15. 1852.

Kedves alezredes ur!

Bostonból azon rosz hirt kaptam, hogy ott sincs pénz — tehát a kórháznak s kegyednek is várni kell november közepéig — akkoron iesz innen pénzem, hamarább nem — a nincs szó hatalom, mely ellen minden okoskodás megszűnik s minden vágynak hallgatni kell.

Kérem, ha Henningson kivánandja, bocsássa neki dispositiójára mindazon bayonettes muskettjainkat, melyek még saját raktárunkban találtatnak — a két láda uj stutzot (rifle) kivéve. — El kell Europába szállittatniok.

Kozlay egy panaszt adott be ön ellen, melyet communicálok.

Hihető igen kis idő alatt szükségem lesz az americai hü magyarokra.

Az ide zárt levelet kérem magának Henningsonnak átadni.

Russelnek, Sedgewickéknek stb., kik a családom számárai lecturöm türhető kimenetelére segitettek, moralis joguk van tudni, hogy mivel anyám és két testvérem még nem mentek Americába, miként disponáltam fölsegélésük-

ről? azért kérem, adja tudtokra, hogy Rutkayné hugom,
férjétől a legelső szükségekre elláttatván, a pénz melyet
részint lectüröm által összekerestem, részint nőm Mas-
sachusetsbe összekéregetett, egy részben (1600 és egyne-
hány dollár) első etablissementi költségekre Zsulavskiéknak
adtam — a többiből pedig anyámnak és Meszlényiné hu_
gomnak havonkint 125 frank segitséget küldök; Belgium
olcsó hely lévén, ezzel biztositvák a legnélkülözhetlenebb
szükség ellen, s nekem azon vigasztalásom van, hogy ha
nem mehetnének Americába, bár én meghaljak, mégis
4—5 évig nem lesznek az éhenhalásnak, vagy alamizs-
nának kitéve — ha vissza megyük hazánkba Americának
egy philantropicus fundatioval visszapótoltatom szivessé-
gét — ha pedig anyámék bár egy fél vagy egész év
múlva is átmenendnének Americába — a pénz nem lesz
kiadva; hanem időközben éltek is, s még lesz vagy 1000
dollarjok kezdeni valamit — s ez volt a czél, mely végett,
azt keresni számukra magamat elhatározám. — E részben
legalább tehát ment vagyok az aggasztó gondtól.

De ha hamar nem verekszünk, magam házával na-
gyobb gondom lesz — gyermekeim nevelése sokba kerül
itt — s nincs miből, bár szegényül élünk. Anyámék vet-
tek azon kis maradékpénzzel, melyet utközben (emlékszik
ön a boldogtalan utra) Radnáról Dusek által nőmnek kül-
döttem — vasutactiákat mult márciusba — de actia-
kereskedés nem nekünk való; nem tudták, hogy április-
ben arrossirozni kell 25 percentet minden actiára, ezt nem
fizetvén a nem arrossirozott actiáknak nincs cursusa, —
kölcsön kellet venni, hogy 250 frank minden áctiára
reáfizetésével eladóvá tehessük, igy eladtuk nagy bajjal
s legalább a londoni nagy disconto mellet sem veszte-
nénk rajta, ha egy ezer fkos actiánk a küldözgetésben el-
nem vész, no de se baj, majd megkerül talán. Én nem
gondolnék magammal, ha az nem állana előttem, hogy ve-

szélyeknek megyünk elébe, s ha igen korán talál egy jótékony golyó, gyermekeim koldusokká lesznek. — No de se baj! Nagyobb dolgunk van, mint gyermekeimmel gondolni.

Hát van-e már Virginiában 500 holdunk?

Kérem, irjon Ujházynak, hogy küldje el a texasi birtoklevelet.

Hát a szent házasság hányadán van. Ne késsék! mert bizon elkésik barátom!

Isten áldja. Szives barátja

Kossuth.

London, octob. 23. 1852.

Kedves alezredes ur!

E sorok előmutatója Casselman százados a szekerészeti karból. Egy igen derék, solid, emberséges tiszt, oly solid charecterű ember, hogy ohajtanám sokan lennének ilyenek emigrans társaink közt. De katona, lovász, német correspondens; punctum. Ez minden tudománya. Megyen Américába mert itt éhen hal meg: hogyan él ott? azt nem tudom, de hogy megérdemli, hogy kegyedet interessálja s a németek közt összeköttetésbe s munkába hozza — azt tudom s azért ajánlom is.

Adtam neki levelet Fohnerhez, Sandonhoz (kinél Fohner volt) s Tiedemanhoz Philadelfiába — a két elsőnek nem tudom adressáját, kérem utasitsa.

Constantinápolyból oct. 8-án kaptam levelet, a typográphia még addig kézhez nem jött, ez már még is csak különös, kérem járjon utánna s küldjön nekem valami documentumot, melylyel ott utánna járathassak.

Melyik hajón ment? mikor? visszaérkezett-e a hajó? kire szólott a Frachtbrief?

Még a Tiedeman által expediált bankókat sem kaptam meg, pedig a hajó, melyen jönni kellet „City of Glasgow" rég megjött, sőt el is ment.

Szives barátsággal
Kossuth.

London, dec. 3. 1852.

Édes barátom!

Toth kapitány, vitéz hazánkfiai legvitézebbjeinek egyike. Mindent el kivánok érte követni, hogy boldoguljon, mig a harcz órája elkövetkezik, hol ily karokra a hazának nagy szüksége lesz.

Kérem, adassa magának által a bizonyitványt, melyet neki adtam, s mutassa meg azt ismerőseinek, kivált a hölgyek, lehetetlen, hogy ne interessálják magukat mellette.

Ő maga, mint neje is, igen szerények kivánságaikban, dolgozni akarnak, hogy éljenek.

A katonásdit játszó urak Americában, kik között Önnek is vannak bizonyosan ismerősei, mint Sandford tábornok etc. talán szintugy hajlandók volnának magukat interessálni a derék vitéz fiu mellett.

Szives barátsággal
Kossuth.

London, dec. 5. 1852.

Édes barátom!

Bemutatom Boross Sándort, nőm unokaöccsét, a legsolidusabb characterü hazafiak egyikét, rendithetlen mint a kőszál — becsületességben, hazafiságban — kit szeretek s becsülök, mint érdemli is.

Ő alamizsnát nem fogad el senkitől, még tőlem sem; bár minden nélkül van a világon, elvették szép jószágát, halálra itélték, felakasztották in effigie (hiszen rokonom,) és kergették mint a vadat bujdosásában a jó magyar nép

között két éven át. Végre megszabadulhatott, megmentve
a jövendő boszunak — puszta életét.

Ez nem szégyel dolgozni, akár mit a világon, lelke
ép és erős, mint teste.

Kérem ne vonja meg tőle tanácsát.

Szives barátsággal
Kossuth.

* * *

Kedves alezredes ur!

Nelson idejött definitiv arrangementokért — mig én
azokat N.-Yorkba küldém. — Ez 3 hét késedelmet okoz.
De ha már itt van, annyi hasznot kell huzni ittlétéből a
mint lehet, s ez: hogy ő meggyőződjék, s aztán győzzön
meg Amerikában, miként a háboru nem tréfa, hogy a mi
chance-unk bizonyos, és viszont, hogy ő győzze meg itt a
törököket, hogy mi nem vagyunk „humbugok", hogy van-
nak barátaink, készen minket támogatni.

E végett viszonyba hoztam az itteni török követtel,
s azzali találkozása igen kielégitőn ütvén ki — kértem,
ránduljon át Párisba az ottani követtel, s a kölcsöncsi-
nálás végett épen megérkezett Namih pasa, török financz-
miniszterrel szólani.

Szerdán indul haza, s szerzett impressiói decidálni
fogják barátainkat ott az immediat cselekvésre.

Utasitásom az: semmi esetre ne jusson eszökbe egyen-
kint átszivárogni Europába — ez nem érne semmit — erre
akár mikor maradna idő; a dolog fontossága abban van,
hogy a mi hajónkon együtt jöjjenek; Constantinápolyba
megérkezésünk módjának impressióra kell számitva lenni.
Ehhez tessék magukat tartani. Ha akadály találna lenni
egyképpen, majd gondolkodom másképpen, inkább késni
egynehány hetet, de igy jönni.

Alkalmasint ugy rendezem ügyeimet, hogy ugyan-
azon hajón érkezzem én is a Bosporusba, melyen önöket
jönni reméllem. Utban találkozunk.

Szerencsét a viszontlátásig

Asbóth Sándor
  alezredesnek,
  New-York.

Szives barátsággal
Kossuth.

Azonnal átadandó.

II.

Lieber Freund!

Sehr gerne entledige ich mich meines Versprechens, dir von
mir Nachricht zu geben, obwohl es mir leid ist, das ich was mich
persönlich anbelangt, dir nur eine Jeremiade anstimmen kann, denn
mich verfolgt ein ganz eigenes Malheur und anstatt dass es besser
ginge, verschlimmern sich meine Verhältnisse nur alle Tage. — Die
einzige Ursache, wesshalb ich die kostspielige Reise hieher machte,
war um mit meiner Frau zusammen zu kommen, die endlich nach
langen Bitten für 3 Monate einen Pass ins Ausland und um
in Ostende die Bäder zu gebrauchen erhielt: sie reiste Ende
April nach Pest und erfuhr dort, dass man nächster Tagen die am
17. April gefällten Urtheile kundmachen wird; diess hielt sie zu-
rück gleich weiter zu reisen, endlich publicirte man die Urtheile.
Das Erstaunen meiner armen Frau kannst du dir wohl vorstellen,
als sie unter den Abgeurtheilten auch meinen Namen fand, nebst mir
sind gegen 40 abgeurtheilt, Pulszky, Berzenczey, Teleky, Rónay
und noch einige andere nebst meiner Wenigkeit zum Galgen und
Strang, und Confiscation des gesammten Vermögens; und da wir
alle abwesend, so wurden unsere Namen auf den Galgen aufge-
hängt. — Nachdem meine arme Frau sich von dem Schrecken er-
holt, den dies Urtheil jedenfalls auf sie machen musste, wollte sie
weiter reisen, doch wie war sie erstaunt, als man ihr die Visa auf
ihren Pass versagte und sie endlich nach vielen Herumfragen er-
fuhr, das um die Visa zu erhalten nothwendig sei, dass sie eine
neue Eingabe mache, denn es sei höhern Orts der Befehl gekommen,
sie nicht ins Ausland reisen zu lassen. — Die Verzweiflung der
armen Frau kann ich mir vorstellen, und auch mich ergreift ein
peinliches banges Gefühl, wenn ich mir denken muss, das ich wohl
nun für immer die Hoffnung aufgeben muss sie zu sehen, ja auch

auswandern kann die Aermste nicht, denn sonst risquirt sie auch noch das Wenige, was ihr geblieben zu verlieren, und um dass eine Frau wie die Meinige mit 6 Kindern mittellos nach Amerika komme, und dort allen Zufällen preisgestellt bleibe, dass kann auch ich nicht verlangen. — Was ich unter diesen Umständen thun werde, weiss ich selbst nicht, nur so viel ist mir klar, das ich wie ein Hund bedauere die kostspielige Reise hieher gemacht zu haben, denn um meine Verlegenheit voll zu machen, so fand ich meinen alten Freund L. Liechfield auch nicht hier, und so kann ich wirklich sagen, dass ich hier in zimlichen Pech bin!

Indess einige Zeit muss ich wohl schon hier bleiben, bis ich weitere Nachrichten von meiner Gattin erhalte, und dass sie mir zum mindesten so viel Geld sende, um weitere Pläne fassen zu können. — Du wirst mir einen Freundschaftsdienst erweisen, wenn du zu Hr. Haight gehst, dass du Mss. Lydia Jones mein Schicksal mittheilst, und mich nicht nur bestens empfiehlst, sondern auch meinen Dank aussprichst, für alle Güte die sie für mich hatten.

Der erste Mensch den ich hier sah, war Bangya: ich bin früher mit ihm gut gewesen, und so freut es mich ihn wiederzusehen, obwohl mir einige andere abriethen mit ihm viel umzugehen, da sein Ruf nicht der beste sei; ich erhielt mich Gottlob noch immer selbstständig, hielt mich an keine Parthei und so soll es auch in Znkunft bleiben, alle Partheilichkeit hasse ich und sie wird um so verächtlicher, wenn sie in Persönlichkeit ausartet, denn man schadet der guten Sache, ein schmutziger Vogel der in das eigene Nest sch...! auch Kossuth kann Schwächen haben, doch bleibt er immer noch der einzige, an den sich die Emigration halten muss. Szemere scheint sein grösster Feind zu sein, und eine neue Schrift soll aus seiner Feder dieser Tagen wieder Kossuth erscheinen — auch Vukovich ist wieder Kossuth, ebenso Thaly, P. Eszterházy, Fülöp, Vay Latzi, Rónay, Halász Jósi, Orosz Klavierspieler, Bakacs, Nagy Imre, Lórand Rózsafy, Dr. Glück. — Heute kam Mor. Perczel sammt Familie und diese Parthei macht sich grosse Hoffnungen auf ihn. — Das Schiff Patrik, welches hier am 14-ten May absegelte und wo nebst 14 Ungarn 500 Passagiere waren, ist gescheitert und mit Mann und Maus zu Grunde gegangen; meines Wissens waren Ungarn Oroszkövy mit seiner Freu, die er erst einige Tage hier geheurathet, dann Mandula, Md. Haderman, Herczegh, Xantus, Hevessy darunter, der andern Namen weiss ich nicht. — Kossuth seine Familie erwartet man alle Tage hier, doch ist sie noch nicht da. —

Batthanyi war bei dem letzten Fest, das Napoleon in Paris gab, in seiner unmittelbaren Umgebung; ich gestehe, dass wenn Napoleon Oesterreich gegenüber feindselige Pläne schmieden könnte, ich mich ihm selbst anschliessen möchte, denn wenn uns auch der Teufel hilft bin ich zufrieden, wenn wir nur den Zweck erreichen. Erstaunt war ich hier von A bis Z alle einstimmig gegen meinen Freund Feri Pulszky schimpfen zu hören, ja man trug mir eine Wette an, das Pulszky sich nicht trauen wird nach England zurück zu kommen, und in America bleiben wird. Mészáros, Beöthy, Teleky und Katona leben auf der Insel Jersey, Kmety ist hier President des Comitees, da indess keine Mittel da sind, um die Hungrigen zu speisen, und die Durstigen etc., so ist er unsichtbar, und man weiss nicht einmal seine Wohnung. Aus Ungarn kommen die Nachrichten alle Tage sparsamer an, und zuletzt wird es dahin kommen, dass man sich gar nicht trauen wird zu schreiben; wie man sagt, so hofft man den Kaiser diesen Sommer in Pest zu empfangen, ebenso dass er sich zum Kaiser wird krönen lassen, womit man verbindet, dass vielleicht eine allgemeine Amnestie mit wenigen Ausnahmen gegeben wird. Eszterházy Mich. ist auf 6 Jahre verurtheilt, Csáky Laczi trotz den Versicherungen, dass wenn er zurückkehrt, ihm nichts geschehe, ward auf 3 Jahre auf die Festung gesendet, soll aber schon begnadigt sein. — Vergebe lieber Freund dies flüchtige Schreiben, doch ich bin sehr in Anspruch genommen — so wie früher, wo ich mich keiner Parthei anschloss, denn ich wünsche, dass die ganze Emigration nur einer Fahne folgen sollte, so will ich mich auch hier erhalten, und da man diese Gesinnungen kennt, so besuchen mich alle, welcher Parthei sie auch angehören. — Findest du Zeit, lass mich etwas von dir hören, vielleicht kann ich dir mit nächstem auch mehr schreiben.

Sage Kossuth meine Empfehlung, grüsse unsere gemeinschaftlichen Freunde, und bleibe gut deinem

aufrichtigen Freund
Paul Szirmay.

London den 25 May 1852.

Meine Briefe adressire: Pa. Szir. care of Mr. L. Leisler Glasgow, Scottland.

Dan. Kászonyi bittet mich eigens dir recht viel Grüsse von ihm zu sagen.

(Magyar forditás.)

Kedves barátom!

Örömest felelek meg igéretemnek neked hirt adni magamról, noha sajnálom, hogy, a mi engem személyesen illet, csak jeremiádát hangoztathatok, mert engem egészen különös balsors üldöz, és a helyett, hogy minden nap jobban menne, napról napra roszabbak viszonyaim. Egyetlen oka költséges ide utazásomnak az volt, hogy nőmmel találkozhassam, a ki végre hosszas kéregetés után 3 havi utlevelet kapott külföldre, hogy Ostendében a fürdőt használhassa. April végén utazott Pestre és ott tudta meg, hogy következő napon fognak az april 17-én hozott itéletek kihirdettetni; ez tartotta vissza a tovább utazástól. — Végre kihirdették az itéleteket. Nyilván képzelheted szegény nőm bámulását, midőn az én nevemet is az elitéltek közt találta; kivülem vagy 40-en vannak még elitélve, Pulszky, Berzenczey, Teleky, Rónay és még egynehányan csekélységemmel együtt akasztófára és kötélre és összes vagyonuk elkobzására, és minthogy valamennyien távol voltunk, nevünk az akasztófára függesztetett. — Miután szegény feleségem magához tért az ijedtség után, melyet ez itéletnek neki mindenesetre okozni kellett, tovább akart utazni; de mennyire csodálkozott, midőn megtagadták tőle utlevelének láttamozását és sok kérdezősködésre végre megtudta, hogy láttamozás megnyerésére uj folyamodvány szükséges, miután magasabb helyről az a parancs érkezett, hogy külföldre nem szabad

őt bocsátani. — Képzélhetem a szegény asszony kétség-
beesését, és engem is kinos, nyomasztó érzelem fog el, ha
gondolnom kell, hogy most már tán mindenkorra fel kell
adnom a reményt, őt láthatni, hisz a boldogtalan még ki
sem költözködhetik, mert akkor azt a keveset is koczkáz-
tatja, a mie még megmaradt, és hogy oly nő, mint az
enyim 6 gyermekkel vagyontalanul Amerikába jöjjön és
ott ki legyen téve minden esélynek, azt én sem követel-
hetem. — Hogy mit fogok tenni ily körülmények közt,
azt magam sem tudom, csak annyi világos előttem, hogy
mint egy kutya sajnálom a költséges ide utazást, mert hogy
zavarom teljes legyen, L. Lichfield régi barátomat
sem leltem itt, és igy csakugyan mondhatom, hogy itten
kinos bajban vagyok.

Azonban darab ideig már itt kell maradnom, mig további
hireket kapok nőmtől, és hogy nekem legalább annyi
pénzt küldjön, hogy további terveket csinálhassak, — ba-
ráti szolgálatot teszesz nekem, ha Mr. Haight-hez mégy,
hogy Mss. Lydia Jones-szal sorsomat közöljed és engem ne
csak a legjobban ajánlj, hanem köszönetemet is mondjad
mindazon szivességért, melylyel irántam viseltetett.

Az első ember, akit itt láttam Bangya volt; jól
álltam vele ezelőtt, és igy örültem viszontláthatni, ámbár
némelyek azt tanácsolták, hogy ne érintkezzem vele so-
kat, mivel hire nem a legjobb. Hála isten, eddig mindig
megőrzém önállóságomat, nem álltam párthoz, és hadd
maradjon ugy jövőre is; gyülölök minden pártoskodást
és annál megvetendőbb lesz, ha személyeskedésekbe megy
át. Saját ügyének árt az ember, piszkos madár, a ki sa-
ját fészkébe csunyit. Kossuthnak is lehetnek gyen-
géi, de még mindig ő marad az egyetlen, a kihez az emi-
gratiónak ragaszkodnia kell. Szemere ugy látszik leg-
nagyobb ellensége, és azt mondják tollából a napokban
egy irat jelenik meg Kossuth ellen. Vukovics is Kos-

suth ellen van, ép ugy Thaly, Eszterházy P., Fül-
löp, Vay Laczi, Rónay, Halász Jósi, Orosz
zongorás, Bakacs, Nagy Imre, Lóránd, Ró-
zsafy, Dr. Glück; ma érkezett Perczel Mór csa-
ládjával és e párt nagy reményt vet belé. „Patrik" hajó, mely
innen 14·én vitorlázott el és melyen 14 magyar mellett
500 vendég volt, hajótörést szenvedett, és mindenestől
tönkre ment. Tudtomra magyarok Oroszkövy nejével,
kit csak néhány napja vett el itt, aztán Mandula, Md.
Hadermann, Herczegh, Xantus, Hevessy voltak köztük —
a többi nevét nem tudom. — Kossuth családját minden
nap várják itt, de még nem érkezett meg. Batthyányi
az utolsó ünnepélynél, mit Napoleon adott, közvetlen
környezetében volt; — megvallom, ha Napoleon Ausztria
ellen ellenséges terveket kovácsolhatna, még magam is
csatlakozhatnám hozzá, mert ha maga az ördög is segít
nekünk, meg vagyok elégedve, ha csak elérjük czélunkat.
Csodáltam, hogy itt valamennyien egyhangulag ócsárolják
Pulszky Feri barátomat, sőt fogadást ajánltak nekem,
hogy Pulszky nem mer Angliába visszajőni és Ameriká-
ban marad. — Mészáros, Teleky és Katona Jer-
sey szigetén élnek, Kmety itt a bizottmány elnöke, mivel
azonban hiányzanak az eszközök az éhesek etetésére a
szomjuhozók stb., láthatatlan és azt sem tudni, hol lakik.
Magyarországból naponként gyérebben érkeznek a hirek,
és végre annyira fog jutni, hogy nem is fognak irni merni.
A mint mondják, jövő nyárra remélik, hogy a császár Pestre
megy, és hogy császárrá koronáztatja magát, a mivel azt
kötik össze, hogy tán átalános amnestia adatnék, kevés ki-
vétellel. Eszterházy Mih. 6 évre van elitélve. Csáky
Laczi daczára a biztositásnak, hogy visszatérése esetén
mi baja sem lesz, 3 évre várra küldve, azonban már meg
is kegyelmeztetett volna. Bocsásd meg kedves barátom a
futólagos irást. de nagyon igénybe vagyok véve. Ugy

mint ezelőtt nem csatlakoztam párthoz, mivel azt óhajtom, hogy az egé-z emigrátió egy zászlót kövessen, most is igy akarok maradni, és miután e nézetemet ismerik, meg-látogatnak mindnyájan bármely párthoz tartozzanak is.

Ha akad időd, hadd halljak valamit rólad. Közelebb tán én is többet irhatok neked.

Mond Kossuthnak ajánlásomat, üdvözöld közös ba-rátinkat, és maradj jó indulattal

igaz barátodhoz

(aláirás)

London, 1852 máj. 25.

Leveleimet intézd: Pa. Szir. care of Ms. L. Leisler Glasgow Scottland.

Kászonyi Dán. különösen kér, hogy üdvözleteit mondjam.

III.

London, Oktober 12. 1852.
4 Albert Terrace Nottinghill.

Kedves Barátom!

Tizenkét napi kellemes tengeri utazás után szerencsé-
sen megérkeztem a világ e nagyszerű metropolisába, s egé-
szen ujjászületve érzem magamat, hogy ismét Európában
vagyok. Leveledet átadtam azonnal kormányzó urnak, kér-
dezte, hogy mit csinálsz, mikor házasodol? mire azt fele-
lém hogy ez utóbbi eszed ágában sincs. De ők azután
felvilágositának, hogy ez részedről csak titoktartás. Meg-
vallom, hogy egy kicsit neheztelek reád, hogy engemet
oly kevéssé méltattál bizalmadra, biz azt megmondhattad
volna, kivált elválásunkkor, valamint abból Nagy Péter
előtt sem téttel titkot. Majd megboszulom magamat raj-
tad, s ha férjhez megyek én sem adom tudtodra.

Én Zsulavszkynénak 539 Houston St. address alatt
egy hosszú kimeritő levelet irtam, mely kivált politicai te-
kintetben reád s ottani pár barátainkra is némi érdekkel
fog birni, ugyanegy tárgyat időkimélés tekintetéből is
nem lehetvén mindannyinak megirni, Zsulavszky asszony-
ságot megkértem, hogy levelem tartalmát közölje veled
(ezt különben is megtette volna), nem különben Áccsal,
Spaczekkal s a 3 magyarral, reménylem, hogy mindaz, mit
neki irtam, kielégit benneteket is. Bizony ebűl állnak
itt a dolgok, azonban bonyolódik a világ, s ez azután mé-

gis szülhet valamit. Majd meglássuk. A jövő tavasznál tovább semmi esetre sem maradok in suspenso. A dolgok legközelebb jobbra vagy balra fognak fordulni.

Én itt Szontághéknál egészen á mon aise érzem magamat, s nem adom Londont ezer New-Yorkért. Reménylem, hogy ¦nőm pár hétre meglátogatand, no majd lesz akkor hadd el hadd. Én még bent nem voltam a városban, nincs ott semmi dolgom. Pulszkyékat, Gáléket, Kmethyt s Nagy Pétert látogattam meg eddig, kik mind közel laknak hozzám. Péter visszament az ő régi helyére, ad suam antiquam, eléggé csinos s még fiatal asszony, nem él férjével s ugy látszik igen értik egymást Péterrel, vagy verstockter Sünder az a Péter is. Ő is hogy tagadja, hogy van valami a dologban. Kérdezősködött irántad ő is, Pulszkiék is. Bethlen a vén büdös huszár három napra ment ismét Párisba s még mindig ott van, szállását pedig tartja azóta mindig, alkalmasint sok pénzének kell lennie. Az alatt mig Kiss Miklós Párisból távol volt, őt bizta meg commissionárusnak a levelekre nézve, no ugyan kutyára bizta a szalonnát; nőm irja, hogy Julius s Augustusban 3 levelet irt, ezek mind Kiss Miklóshoz voltak adressálva, s távollétében Bethlen által lettek volna részemre elküldendők, de mig N.-Yorkban valék, nem kaptam sem a le·veleket sem kis fiam daguerrotypját, mely szintén reá volt bizva elküldés végett. Meg is szidtam érette kegyetlenül a lusta obestert. Kérlek pajtás, légy oly jó, nézess utána vagy Deyéknél vagy a postán, hogy nincsenek-e ott a levelek s a daguerrotyp? s ha reájuk akadsz, kérlek küld azután ide.

Gróf Teleky László Haynaut provocálta, mint az ide mellékelt nyomtatott czikkből láthatod, Haynau nem fogadván el, sőt nem is válaszolván reá, Teleki a levelet közlötte. Ugyanaz le van forditva németre is, ide rekesztem azt is, Stáhl mind a németet mind az angolt leirhatná még egyszer, az angolt szeretném ha a Tribuneben s a Daily Timesben (ez a két lap mindig ügyünk mellett volt) megjelennék, a németet pedig a legjobb new-yorki német lapban kellene közleni, sőt egy példányban Philadelphiába is küldeni a Committeenak, melynek egyik tagja Schmid ujságkiadó, hadd közöljék ők is, das ist so etwas für den amerikanischen Gaumen. Közöld e kihívásokat Zsulavszkynéval s a többi magyarokkal is, a kikkel t. i. közölni akarod.

Azt hallom, hogy valami Asboth fiu (exhonvéd tiszt) elveszi otthon Gorove Pista testvérhugát, rokonod-e? Denique az Asbóthok csak házasodnak.

Szabó Imre ezredes legközelebb Ausztraliába ment, Párisból jött ide in valde deplorabili statu, mondják hogy mindenét elvesztette kártyán, Austráliában tán visszanyeri, hiszen a kártyában nagy mester. Téli kabátját eladás végett kinálta Jhásznak.

Hallom, hogy 26-án indul az utolsó transport Americába, köztük Boross Sándor (derék fiu) Kossuthné unokatestvérje, Tóth kapitány vagy őrnagy, nem tudom, mondják hogy szép fiatal felesége van, Kmethy adjutánsa volt és több mások, kik alkasmasint majd jelentendik magukat Asbóth alezredes urnál New-Yorkban.

Lórodyről az a meggyőződésem, hogy őt az öreg ur csakugyan Törökországba küldi, ámbár kormányzó ur azt mondja, hogy mit sem tud róla. Ihásznak nem kellet volna azt N.-Yorkba megirni, hogy Lórody itt van, akkor azután a dolog szóba sem jött volna.

A 3 magyarnak s Spaczeknek irok a jövő postával octob. 15-én, ma már nem győzök többet irni, kormányzó ur is megbizott valamivel. Addig is köszöntse valamennyit, kik arra méltók, t. i. minden jóravaló magyart. Bost is.

Asbóth alezredes urnak pedig azt izenem hogy edzze jól előre*) . . . . hogy valahogy a menyasszonyi éjszakán f i a s k ó t ne csináljon, szinte tartok, hogy ugy jár.

Isten veled

hived

H a j n i k P á l

Mátkádat, vagy tán már nődet szivesen tisztelem.

---

*) Ot szó, mely az irónak érdes humoráról tanuskodik, de elmondható csak férfitársaságbau volna, elmarad.

.

;

— 1 8 5 3. —

I.

KOSSUTH
ASBÓTH SÁNDORHOZ ÉS VISZONT. ASBÓTH BOYLEHEZ.
(A TÖRÖKKEL VALÓ ALKUDOZÁSOK, A KÖLCSÖN
ÉS A BETÖRÉS IRÁNT, 5 DB.)

II.

KOSSUTH BIZONYITVÁNYA ASBÓTH S. SZÁMÁRA.

III.

VUKOVICS SEBŐ ASBÓTH SÁNDORHOZ.

I.

London, Május 20. 1853.

Édes Barátom!

A bizonyitványt küldöm s kivánom, fogadja abbani nyilatkozataimat mint szives barátságomnak , s őszinte érzelmeimnek kifejezését. Adja Isten, legyek valaha azon helyzetben, hogy Ön iránti hálámat tettleg bizonyithassam, akkor tapasztalandja, hogy oly embert tisztelt meg barát- ságával, ki azt teljes becse szerint méltányolni s viszo- nozni képes.

April 14-kei, s Majus 4-kei levelei folytán ezeket kell megjegyeznem:

1. Irja alezredes ur, hogy october óta rendes hiva- talos jelentéseire nem feleltem, válaszom az, hogy négy hónapon át Öntől egy betű irást sem kaptam, elannyira, hogy hosszas hallgatása miatt aggódván nem hivatalos dol- gok tekintetében (mert illyes dolgaink ott fájdalom nem voltak, mik iránt öntől jelentést várhattam volna) ha nem aggódván személyes mibenléte iránt, Ihász által több iz- ben irattam Biróékhoz, azon kérdést, mi történt önnel, hogy hónaponkon semmit sem hallat magáról.

Végre ugytetszik mártiusban kaptam egy levelet, melyben annyi volt, „küldjek vagy assignáljak vagy 1000 dollárt." Erre Pulszkynak irtam, magyarázza meg önnek, mi állásban vagyok én, hogy nállam nem járják ám ez eze- res, de még a tizes assignatiók sem, hacsak az vén Istenre nem assignálok, s annak nem igen szokása honorálni a váltókat, magyarázza meg, hogy nálamnál nincs kevesbé assignálható ember a világon, nincs nagyobb koldus, mert a haza ügye havonkint most is 20,000 forint költséget igényel, s mig magam és családom a szó szoros értelmében csaknem k o p l a l u n k, ezer inséges ember jár nyakamra, s hogy ezen nyomorult gondteljes állapot igy tart 10 hónap óta e g y g a r a s j ö v e d e l e m n é l k ü l. — Egy szersmind kérdeztem, hogy ugyan minek az az ezer dollár? — oly summa, mennyit én egész éven át nem költhetek családomra összesen — mire? miután én nem tudom, hogy a raktáron kivül valamiért fizetnem kellene, a nyomtatványokérti fizetés (600 doll.) is ide utasitatván Philadelphiából?

Pulszky nem találkozott Önnel e levelem vétele után; — hanem april 14-ikei levelében látom e neveket Sacchi, Haubold, puska müves, Lambeer.

Sacchi! mi dolgom nekem Sacchival? én kifizettem utólsó fillérig, kezemben is van a quittirozott alkulevele — nem tudnám hogyan tartozhatnám én Saechinak valamivel?

Haubold! ezt detto nem értem, mi dolgom lehet vele. Puskamüves! ez nekem tökéletes assigma, hacsak nem valami puskáról van szó, melyet valaki hozzám hozott. ajándékba- e vagy próbára? nem tudom, s mely Picket ezredesnél lévén, Henningson által akármikor visszakérhető és vissza adható. Végre Lambeer, ez talán a raktártulajdonos? — Januártól, igaz, kell fizetni, nem tudom mennyit, de az iránt régen irtam Henningsonnak, hogy miután már alig van valami a raktárban, szálittassa át azt a csekély holmit Law urnak valamely raktárába s amazt fizesse ki.

Ez az egész. — Többet nem tudok. — A kórházra nem feltétlenül igértem az 500 dollárt, hanem igértem könyvemnek árát, melyet kiadni igértek, nem adták ki, tehát megszünt. Probáltam bostoni comitéemat, hogy adjon e czélra — nem adott — s igy vége van, nekem senki sem ad egy garast is, magamnak nincs s igy természetesen én nem segélyezhetek másokot, bármennyire óhajtanám is.

Hanem tegnap kapok Waiglitól egy levelet, melyben irja, hogy Önnek valami nagy körü alkalmazás ajánltatott Virginiában, s ön ezt az én megbizásaim miatt nem akarja elvállalni. — Bocsásson meg édes barátom, ha azt mondom, reménylem Waigli roszúl értette Önt, mert azt csakugyan restelném, ha minden ok nélkül az én nyakamba hárittatnék ily szerencse magátóli elutasitásának morális sulya.

Mik azok az én megbizásaim? a raktár mely jobbadán már üres — és egy pár mázsa letárolt puskatöltés. — Ez csakugyan nem olyan, mely egy oly lépést igazolhatna; mikor eljöttem Amerikából, még nem tudtam, hogy ily szegény, leszek s reméltem adhatni Önnek megbizásokat; még is emlékezik, Báldwin urnál mindent elkövettünk, Önnek távol N.-Yorktól subsistentiát keresni, s ép ezen kilátásban akként végeztünk, hogy ha elhagyja N.-Yorkot adja át Vaiglinak a kulcsokat; ennyire nem volt Önnek tudtával s akaratával szándékom Önt N.-Yorkban tartóztatni — nem is volt volna semmi ok reá, mert az Amerikábani minden teendők diplomatiai körbe tartoztak s tartoznak — a mi természetesen Ön összeköttéseinek körén kivül van.

Azon imputatióra tehát valóban nincs semmi ok s alap, természetesen tetszésétől függ alkalmazást el vagy nem fogadni, de az el nem fogadásnak sulya én reám nem hárithato.

Mi az én dolgaimmal a teendő? a töltéseket Kingsland leltároztatni igérte, megtörtént-e? nem tudom . . . . Akármiként legyen, ha conserválhatók romlás és költség nélkül conserválandók, — hadd feküdjenek, — nem kérnek enni ha nem conserválhatók, irtam Henningsonnak, ajánlja Law urnak idejébeni visszatérités mellet — ha el nem fogadja, el kell adni a mint lehet; mert én innen Amerikába semmi szin alatt egy garas pénzt sem küldhetek conservatiójukra. Ha szükségünk lesz reá, veszünk annak idején.

Ez az egész. Kérem, tehát ezen dolgok miatt ugyan ne engedje magát influenceiroztatni — akárhol lesz alezredes ur, meg lelem én, mikor kell, s meg a haza

ölelem meleg barátsággal
Kossuth

Kérem Henningsonnak megmondani azon bizonyos török documentumot Raymond által küldöm — féltem postára bizni.

London Nov. 18. 1853.

Kedves Alezredes ur!

Mult postávali levelem óta semmi sem jött közbe, a mi kilátásainkban s a dispositioban változtatást okozna.

Az utolsó hirek nagyon ellenkeznek. Egyik azt mondja, hogy az Olteniczánál positiót vett török jobb szárny (9000 ember) három orosz megtámadást visszavervén, végre Gortsakoff 45.000 embert vezetett Oltenicza ellen; — mely nagy erő előtt amaz csata nélkül visszavonúlt a Duna jobb partjára; másik ellenben azt mondja, hogy a török nyomúlt előre, Bukaresztnál az orosz főerejét tönkre verte, s jobb szárnyával (mely Olteniczától az Angisz balpartján nyomúlt fel) a moldvai retraite vonalt elvágván, Gortsakoff vert hadával kénytelen volt Brassó felé Erdélybe menekülni.

Ha ez utóbbi hír igaz, ugy annyi, mint ha már csatáznánk, mert az osztrák csak ugy tarthatja fel neutralitását, ha az Erdélybe menekűlt orosz hadat lefegyverezte; mit bizonyosan nem tett; s ha nem tette, megszegte neutralitását, s ezen megtörés az, mely a porta által **elvben** **már elhatározott velünk szövetkezés** nyilvános végrehajtását feltételezi.

De ha az első igaz is, az nem oly körülmény, mely az orosz fegyvereken az első csatában ejtett csorbát letörülné, s a czárnak lehetségessé tenné „prestige"- jének csonkulása nélkül kiegyenlitésre nyujtani kezét.

Reám tehát a körülmények csak azon határozással vannak, hogy kétszeresen megkettőztessem igyekezetemet magamat indulható állapotba tenni, s mihelyt csak 25000 dollárt szerezhetek, indulok.

Ezért utóbbi levelembeni dispositiok nem szenvednek változást; — mondja meg ezt Henningsonnak is — kinek ez uttal nem irok; mert nincs időm ma még egyszer leirni ez ujságcombinatiót, mit ön vele ugy is közölhet.

Tessék is vele folytonos rapportban lenni; mert corporationális indulhatások főkép az ő hatályos erélyétől függ, mire őt ezennel ujra fel is kérem.

Ha indulnak, szükség, hogy minden a mink még ott van, elhozassék — értem a munitiót is.

Az elhozandók közé számitom a pénzjegyeket is — és bankóvésményeket (Platten) Tiedemantól Philadelphiában. Kérem, irjon neki iránta azon hozzátétettel, hogy most van ideje az ottani Comittenak a munkásságra, mire a múlt postával Henningsonhoz küldött hirlapfelszólitásom a néphez megadandja a kellő lökést; azt minden esetre kérem, hogy ha a nyomdásznak a jegyekért még valami fizetni való volna — eszközöljék, hogy az elküldésben az ne tegyen akadályt — mert hiában, mi csak akkor rendelkezhetendünk financiális erővel, ha az osztrák a törökkel már engageirozva lesz.

Mindenesetre Constantinápoly most legjobb piacz jó

fegyverek, ágyuk, munitió s hadi készletek bár mi nemére, s első kereskedelmi szabály lévén, hogy ha valaki eladni kiván, vigye portékájat a vásárra, igen kevés vállalkozási szellemnek kell lenni az amerikaiakban, ha ezt most nem teszik. Hasson erre ismeretségei körében. Nekünk igen érdekünkben áll, hogy m i n d e n, a mit háború esetében használhatunk, vitessék Constantinápolyba. Definitiv megvételi kötelezettséget ugyan magamra előre nem vállalok, de a ki elég belátással bír a körülményeket jól felfogni, nem kételkedhetik rajta, hogy oda érkeztemkor vagy magam oly karban leszek, hogy átvehetem, vagy legalább elég befolyással birandok, hogy a mi használható, s árban méltányos, a török átvegye.

Próbálja, a mit tehet e részben.

Isten áldja mindnyájokat

barátja
K o s s u t h.

II.

Look upon me as Your friend — come what may — Kossuth's friend is my friend — I adhere to principle — and that principle is: — „**Every man depend on himself.**"

If I live and succeed the principles Kossuth advocated shall always be sustained, with my exertions, my fortune, and my faith — this is for life. —

(Magyar forditás.)

Tekintsen ön engem barátjának — történjék bármi — Kossuth barátja az én barátom. Én elvhez ragaszkodom és ez az elv az: „minden ember önmagától függ."

Ha élek és életemnek sikere leend, a Kossuth által védett elveket fogom támogatni tetteimmel, vagyonommal és hüségemmel — a mig csak élek.

(Az itt közlött kis levél aláirás, czim és keltezés nélkül, szakgatott yankee-stylben van irva, 16 rét négyoldalu papir első lapjára, szálkás de könnyen olvasható betükkel; valószinü hogy egyik vagy másik amerikai lelkes ügybarát intézte A—hoz.

Mr. Boyle states that he could negotiate a loan of 100 millions of dollars for Turkey at 15 per cent discount; the loan bearing 6 per cent per annum interest, payable halfyearly in London, or New-York.

(Magyar forditás.)

„Boyle ur azt állitja, hogy ő képes lenne Törökország számára — évenként 15 százalékos kamatra — 100 millió dollárnyi kölcsönt eszközölni; a kamatok félévenként fizettetvén Londonban vagy N.-Yorkban.“

(Ez után — csak ugyan irónnal magyar nyelven jegyezve — ez áll:)

Ő proponálta egy amerikai hadihajónak Konstantinápolyba küldését. — Portativ nyomda.

(Az itt közlött rövid jegyzék irónnal van jegyezve egy közönséges, nyomtatott életbiztositási programm hátlapjára és A. S. irása.)

(Asbóth Sándor Kossuth Lajoshoz)

Mélyen tisztelt kormányzó ur! Falusi magányból berándulván, most tudám meg Ruttkayné ő nagyságától, miszerint kormányzó urnak két hozzám czimzett levele visszaküldetett Londonba. — Hogy jelentő soraim kormányzó urhoz nem jutnak, ez nem ujság előttem, de hogy kormányzó urnak engem illető s általam várt levelei New-Yorkból visszaküldetnek, ez a legaljasabb intrigáknak egy uj neme.

Én még Pulszky ittlétekor kértem föl levélileg kormányzó urat, miszerint netán hozzám küldendő kegyes sorait következő czim alatt utnak inditani meltóztatnék:

A. A. Cor. of. Arthur Patts Esqu. 27 Fifth Avenue New-York.

mely kérésemet ezennel tisztelettel ismételvén, egyben arra is kérem föl különösen kormányzó urat, miszerint vélem tudatni legyen kegyes, mikép valának czimezve a visszaküldött levelek.

Az itteni magyarok egyrésze szokás szerint pártokra osztva, czélnéküli gyüléseket tart és ellenkező fölhivásokat bocsájt közre, én kormányzó urtól utasitást nem nyervén, minden avatkozást időelőttinek véltem; minthogy azonban a m u s z k a - t ö r ö k viszonyok ügyünkre nézve naponta kedvezőbbre fejlődnek, hazafiui kötelességemnek ismerém kormányzó urat ezennel ujra tisztelettel fölkérni: miszerint nemcsak magam miheztartásául, de levélileg hozzám járult több lelkes honfitársaimnak szolgálandó irányúl, engem mielőbb rendelő utasitással megszerencséltetni kegyesen méltóztatnék.

Mint minapi soraimban jelentém a p o r t a t i v m á s o d n y o m d á t Crosky ur czime alatt utnak inditottam, a szállitási költséget itt lefizetvén.

Mitevő legyek a még kezeim alatt levő f e g y v e r - é s e g y é b h o l m i v a l ? erre nézve is Fráter kapitány által küldött levelem kapcsában utasitást kérek.

E. R. B o y l e ur, kinek, 7000 holdnyi vagyonát Long Islandban kezelem, határozottan oda nyilatkozott előttem, hogy ha a török kormány a muszkávali megszakadását a m a g y a r ü g y é s á t a l j á b a n a z e u r ó p a i e l n y o m o t t n é p e k s z a b a d s á g é r d e k é v e l összekötendi, 'e z e n, d e c s a k e z e n esetben 40 m i l i ó n y i a m e r i k a i m a g á n t á r s u l a t i k ö l c s ö n r e kedvező föltételek alatt számot tarthat. Mely nyilatkozatot neveztem B o y l e ur általam kormányzó urral azon czélból tudatni kivánta: miszerint kormányzó ur e részben a török kormánynál az iniativát megtévén, erről őt is értesiteni méltóztatnék.

B o y l e ur vagyonos ember, n a g y ö s s z e k ö t t e t é s s e l b i r, ügyünknek és kormányzó urnak meleg barátja de mindazonáltal én tanácsosnak tartanám, miszerint, kormányzó ur mindenekelőtt őt szólitaná irásilag föl ajánlatának i r á s b a n f ö l m u t a t á s á r a.

Kegyes utasitásért ujra esedezvén, hódoló tisztelettel maradok kormányzó ur kész kötelességü szolgája

New-York, nov. 16. 1853.   Asbóth.

Ehhez´ egy melléklet.

7*

U. i. Boyle ur most jelenti előttem, hogy a fönebbi föltét alatt a török kormány által kölcsönkép felvehető mindjárt 500,000, és az egyezés után előteremthető egy hét alatt 1 millió, egy hó alatt 10 millió, és 6 hó alatt, ha kivántatik, 100 millió. Kormányzó ur kivánatára B o y l e L o n d o n b a s z e m é l y e s e n ur s i e t e n d.

(K o s s u t h L a j o s A s b ó t h S á n d o r h o z.)

London, deczember 27. 1853,

Kedves alezredes ur! Ki nem mondhatom, minő zavarnak tesznek ki az által, hogy november hónap folytában tett dispozitióimra senki sem felel, — mennem k e l l s nem merek indulni, és nem merek anélkül, hogy tudjam, történik-e ott valami vagy nem, mihez magamat alkalmaznom szükség. Meg nem foghatom ezen mulasztást.

Önnek november 16-ai levelét, melyben B o y l e ur k ö l c s ö n - a j á n l a t a iránt tudósit, vettem deczember 24-én.

R u t t k a y n é n a k egy decz. 4-ikén irott levelébe volt zárva, tehát hevert nála 19 napig. Az ő levele pedig volt expediálva nem a decz. 14-ikei hajóval, nem is a 7-kei, hanem a dec. 11-kei hajóval, ismét hevert 6 napig, összesen 25 napig hevert New-Yorkban i l y f o n t o s l e v é l! — ha minden tekeótria nélkül postára tette volna november 16-án, vagy biztosság végett George Sanders konzulhoz intézve, e levél (ha nem humbug) h a z á n k s o r s á r a e l h a t á r o z ó b e f o l y á s s a l lehetett volna ekkorig.

Most is nagy befolyással lehet még, de 6 hét csakugyan vesze van,

Kérem, mondja meg B o y l e urnak, hogy ha nékem irásban adja ajánlatát, ugy hogy azt megmutathassam s a föltételekről is értesit (ratifikáczióját fentartva) a világ megszabaditójának dicsőségét vivhatja ki magának, egy egyszersmind igen nyereséges speculátioval — s én magamra vállalom, hogy kiviszem a törököknél a föltételt (mely olyan, hogy azért csak mélyen kötelezve érzem magam — ugy is kell, más föltét alatt ne is adjon pénzt,) de a kivitelről csak ugy biztosithatom, ha előbb nekem ad 60,000 dollárt kölcsön, magyar kölcsönjegyekre (adok 100,000 dollár értékü jegyet) és e mellett privát váltó-kötelezvényt, hogy három hónapról három hónapra 5000 dollárjával a kölcsönt visszafizetem. E 60,000 dolárra a végett van szükségem, hogy a nagy kölcsönnek, melyet ajánl, a török kormánynál föltételestől elfogadását eszközölhessem. — Ha ennyivel mozoghatok, eszközlöm, de ha egy kis pénzzel nem mozoghatok, nem.

A dolog nagyon fontos, kérje föl Boyle urat, hogy irjon nekem ez iránt; levelét külső boritékkal adresszálja:

G. Sanders Esqu. U. S Consul General 45 Wegmonth Street Pontham Place London.

Akár leszek itt, akár az Oriensen, megkapom levelét s szerinte cselekedendek. Mi induló félben vagyunk, csak Amerikából várunk levelet, jót vagy roszat, csak — levelet.

Szives baráti üdvözlettel   K. L.

To. Ed. R. Boyle Esqu . .

My dear Friend!

I envelope you coufidential a translation of Kossuths last letter in regard to the perposed loan. I beg you only in answering it, to be quite sincere with Kossuth, — not permising any thing more than you can perform. — You must remember that the matter are not concern his private affairs, but that upon it may depend the fate of a whole nation, and it would be the greatest embarrassment and injury, of after having entered into any engagement, in consequent of your permises, Kossuth should find himself unable to act according his engagement.

Your   Asboth.

(Magyar forditás.)

To. Ed. Boyle Esqu . ,

Kedves barátom!

Ezennel küldöm Önnek bizalmasan Kossuth utóbbi levelének fordítását tekintettel a szándékolt kölcsönre. Csak arra kérem, hogy válaszában legyen Ön Kossuth iránt egészen őszinte, mit sem igérvén, mit nem teljesit-het. Vegye tekintetbe, hogy ezen ügy nem magánügyeire vonatkozik, hanem ettől egy egész nemzet sorsa függhet, s a legnagyobb baj és méltatlanság lenne, ha Ön igéretei következtében Kossuth bármely kötelezettséget elvállalna s később ugy találná, hogy képtelen kötelezettségeivel öszhangzólag működni. Az öné

Asbóth.

III.

Certificate,

Wherewith I, the undersigned fulfill as well the duty of sincere appreciation of patriotic merits as also that of personal gratitude by stating the following facts in reference to A l e x a n d e r A s b ó t h E s q. L. C o l o n e l i n t h e n a t i o n a l H u n g a r i a n A r m y a n d m y f i r s t A i d d e C a m p.

She said L. Colonel is a Hungarian gentleman of high merits, equally distingished by his honorable character, rare abilities and scientifie accomplishments, as also by the valuable services he rendered to his county both in peace and war, in civil arts as on the battle field. — Originally a practical civil Ingenier conspicious by his distinguished abilities in topographical as well as hydraulic and architectonic Ingeneering, previous to our memorable straggels for national independence he merited to fill the high and important station of one of the directing civil ingeneers of Hungary and in this capacity he planed and executed some of such hydraulic works in river regulation and canalisation, which similar to those magnificent industrial works of which Amerika is justly proud, insure a lasting benefit to the country and a lasting glory · to their constructors. — Circumstances having called our nation to arms in vindication of our countrys indepedence, freedom and rights Mr. A s b o t h at once ready with patriotic resolution to throw life and blood and fortunes in to the scale, exchanged the compass with the sword and fought bravely, boldey and faithfully from the vay beginning to the very end. Gradually rising by his own personal merits to the rank of Captain, Major and L. Colonel in the staff, he has himself particularly signalised in the battles of Somaeovácz, Kápolna, Kövesd, Nagy-Sarló and Komárom, and merited by his bravery to be decorated with the order for military merit, third c as; — his rare abilities of a military ingeneer had been made conspicious by several important achievements, it was he amongst all the concomitant dangers of such an enterprise, prepared a perfect plan of the fortress of Temesvár and its vicinity, then in the hands of the enemy ; which plan served for basis in the subsequent siege ; — it was he, who during the assault of the Serbians retrenched comp at Tomasovácz under the hot and inceased artillery and musketry fire from the enemy has built a bridge in two hours, across the river Temes for the passage of our brave army — it was again he who near Léva without any previous preparations has succeeded in one night to build a bridge across the river Garam, which led our army of 40,000 men to the glorious battle field of Nagy-Sarló, which humbled Austria to the dust, and drove it from despair into the arms of the Russian Czar — it was equally he who before the battle of Kápolna fortified the straights of Babda et Szarvaskő and planned the fortification of Tisza-Füred. In consequence of these signal achievements he was appointed to the importand station of the directing Ingeneer of the fortress of Komárom, then he accompanied in the quality of aid de camp General Klapka, when he filled the post of the Minister of war at interim and at last I nominated him to be my own adjutant general and first aid de camp, having the rank of a state councillor, with the additional duty to act as reporting Secretary for military affairs in the ministrial councils, when I myself choose to preside. In that high important and confidential position L. Colonel Asboth remained to the very last moment of our struggle, performing his duties with constant zeal and assiduity to my entire satisfaction, always well deserving the particular confidence which I placed in him.

This was his patriotic carreer, worthy of the fullest appreciation on the part of the Governor of the Commonwealth : then followed a period of personal devotion of the friend, entitling him to my lasting gratitude and affection. When the time of trying misfortune come over my and his country, which cast me to foreign lands a poor — homeless -- wandering exile, it was he, who with touching devotion, offered himself to share my vicissitudes, he followed me to exile, stood faithfully at my side during all the trials of my detention in Turkey, watched over the security of my person and comforted my mind by his devoted sollicitude, allways faithfull and true a friend and a brother never wavering for a moment in his attachment in the gloomiest days of my life. May God reward him for it, if I could not, still poor and still an exile as I am — but we will yet see better days I hope and so may I see them, as I shall prouv faithful to gratitude towards him as he has prouved faithfull in devotion and friendship to me. - At last the generous interposition of the U. S. having set us free, he continued in Amerika to devote to all those services which according to time and circumstancès I required from him either to the benefit of our country or to the alleviation of the hard lot of our fellow companions in exile.

And I confidently trust, that eer long, I may call him again to assist me in that great and ouly aim of my life, the liberation of our common fatherland. In the mean time I earnestly desire to recommend him in the warmest manner possible to the kind consideration and generous attention of the people and Governement of the U. S. withe the greater confidence as he is a man, who in those gigantic surveys and industrial enterprises for the purpos of easy communication between all the parts of the broad Union, which make one of the chief glories, as they have been the chief mean of the prosperity, to the U. S., is able to do such services and execute such works, as who ever else can do and execute. I desire this certificate to be taken as an evidence of L. Colonel Asboth's distingished patriotic merits and rare accomplishments and as of my high esteem and of the friendship, affection and gratitude which I bear him. — London May 1. 1853.

L. Kossuth,
late Governor of Hungary.

— L. S. —

Bizonyitvány.

Melylyel én alólirt, mig egyrészt hazafias érdemek őszinte elismerésének kötelességét teljesitením, másrészt személyes hálámnak adok kifejezést, elismervén a következő tényeket **Asbóth Sándor** alezredes és első hadsegédemnek a magyar nemzeti hadseregben személyére vonatkozólag:

Nevezett alezredes nagyérdemü magyar férfiu, ki egyaránt nemes jelleme, mint ritka tehetségei és tudományos képzettsége által kitünő, nemkülönben azon értékes szolgálatok által is, melyekkel békében, háborúban egyaránt tudományos müvekben, ugy mint a harczmezőn hazájának hasznára volt. Eredetileg gyakorlati polgári mérnök, kitünő tehetségeinél fogva ugy a helyszinelési, mint vizépitészeti és középitészeti szakmában otthonos, később nemzeti függetlenségünkért folytatott emlékezetes harczunkban szerepelt. Érdemes volt rá, hogy Magyarország igazgató polgári mérnökei közt magas és fontos állását foglaljon el és ezen minőségben egynémely oly vizmüveket tervezett és létesitett, szabályozásokban ugy mint csatornázásban, melyek hasonlithatók azon nagyszerü iparmüvekhez, melyekre Amerika oly jogosan büszke, mint a hogy állandó jótétemények a hazára s állandó dicsőség alkotójukra. A körülmények a haza függetlenségének, szabadságának és jogának védelmében nemzetünket fegyverre szólitván, Asbóth ur hazafias elhatározással azonnal kész volt éltét, vérét és vagyonát a mérlegre vetni, a delejtűt felcserélte a karddal, és harczolt bátran, rendületlenül és hiven kezdettől mindvégig, fokonként saját személyes érdemeinél fogva emelkedvén a századosi, őrnagyi és alezredesi rangra, különösen a tomasováczi, kápolnai, kövesdi, n.-sarlói és a Komáromnál vivott csatákban tünt ki, és hősiessége által kiérdemelte feldiszitését a III. oszt. katonai érdemrenddel. Ritka hadmérnöki ügyessége több rendbeli fontos alkalommal lőn feltünővé; ott volt ő ilynemü minden összetoluló veszélynél és részes minden vállalatban, ő készité el Temesvár erődjének és szomszédságának — akkor az ellen kezében — tökéletes tervét, mely a bekövetkezett ostrom alapjául szolgált, ő volt az, ki a tomásováczi elsánczolt szerb tábor ellen a heves és folytonos ágyu- és puskatüzelés közepette az ellen szemeláttára hét óra alatt hidat vert a Temesen, derék hadseregünk átszállitására. Ismét ő volt, ki Léva mellett minden különös előkészületek nélkül egy éjen át sikeresen hidat ütött a Garamon, mely 40,000 főnyi hadseregünket a nagy-sarlói dicső csata mezejére vezette, mely Ausztriát porig alázta és kétségbeesésében az orosz czár karjaiba hajtotta. Egyaránt ő volt az, ki a kápolnai csata előtt a babdai és szarvaskői utakat megerősitette és a tiszafüredi erőditéseket tervezte. Szakképzettségének ezen feltünő tökélye következtében Komárom várának igazgató-mérnöki fontos állomására szemeltetett ki, hova Klapka tbkot hadsegéd minőségében kisérte, midőn az ideiglenes hadügyminiszter volt. Végül tulajdon első vezérsegédemmé neveztem őt ki, államtanácsosi rangban, azon mellékfoglalkozással, hogy a ministeri tanácsokban katonai ügyekre nézve az előadó teendőit vigye, midőn magam tartám jónak elnökölni. Ezen magas, fontos és bizalmas állásban Asbóth alezredes harczaink végső perczeig megmaradt, kötelességeit mindig állandó buzgalom- és ügyszeretettel teljes megelégedésemre töltvén be, valamint kiérdemelvén azon különös bizalmat, melyet beléje helyeztem. Ez volt hazafias pályája. Teljesen kiérdemelő méltánylasát a köztársaság kormányzójának.

Ezután következett a személyes odaadás és barátság időszaka, mely neki örök hálámra, és hajlandóságomra adott igényeket. Midőn az én és az ő hazája fölé a megpróbáltatás szerencsétlen napjai bekövetkeztek, melyek engem, mint szegény és hontalan számüzöttet külföldre menekülni kényszeritettek, ő volt az, a ki meginditó odaadással megosztá viszontagságimat; elkisért számkivetésembe s hiven állott oldalomon. Törökországban történt letartóztatásom minden próbáltatásai között őrködött személyem biztonságán, és megnyugtatta lelkemet önmegtagadó gondoskodásával, mindenkor hiven és igazán barát és testvér, pillanatig sem ingadozván ragaszkodásában, éltem legszomorúabb napjaiban sem. Hogy az isten jutalmazza meg érte, ha én nem tehetném, még mindig szegény és számüzött a milyen vagyok. Azonban látni fogunk még — ugy remélem — szebb napokat, és úgy lássam azokat, a hogyan bebizonyitandom hálámat hűsége iránt, miként ő tanusitotta hüségét, odaadását ás barátságát irántam. Végül az Egyesült-Államok nagylelkü közvetitésére szabad lábra helyeztetvén, Asbóth Amerikában folytatta mindazon tevékenységet, melyet idő és körülményekhez mérve tőle követeltem, majd hazánk ügyeinek előmozditására, majd pedig számüzött társaink nehéz sorsának könnyitésére. És benső meggyőződése, hogy nemsokára hivhatom őt ismét segélyül éltem nagy, és egyetlen czélja, közös hazánk felszabaditása. Aközben komolyan a lehető legmélyebben ajánlom őt az Egyesült-Államok népe és kormánya szives figyelme- és nagylelkü pártfogásába, s ezt annyival nagyobb bizalommal, minthogy ő oly férfiu, ki a széles unio minden részei közt czélzott könnyü közlekedés tekintetéből meginditott óriás tervek és iparvállalatoknál, melyek ez államnak egyik fő dicsőségét képezik, mint a hogy felvirágzásának főeszközei, képes oly szolgálatokra és müvek alkotására, mint bárki más. Jelen bizonyitványomat, mint Asbóth alezredes hazafi érdemeinek s ritka tehetségeinek tanuságát, nemkülönben nagyrabecsülésem, barátságom, hajlamom és hálám jelét kivánom tekintetni.

London, 1853 május 1.

Kossuth Lajos,
Magyarország volt kormányzója.

IV.

London, sep. 29. 1853.
67. starhoestreet
Hampstead hoed

Kedves barátom Sándor!

Mi még, mióta a sors hazánkból kivetett, nem váltot-
tunk egymással levelet. De én azért nem mulaszték el
semmi alkalmat, tudakozódni rólad, s tavaly hallottam,
hogy Amerikában szerencsésen haladnak dolgaid ; az
idén kevésbé kedvező hireket vettem állapotodról. Adja
Isten, hogy sorsod kielégitő legyen, mennyire számüzötté
lehet.

E soraim tárgya egy kérés hozzád és ajánlás. Glück
orvos hazánkfia N.-Yorkban van, előmenetelét ott kisér-
tendő meg. Nem lévén neki sok ismerőse, az ottani Emi-
grátióban, én baráti kötelességnek ismertem, őt e levél
által neked ajánlani, s téged megkérni, hogy ha, már
nagyobb ismeretségednél fogva, valamiben segitségére le-
hetsz, ne sajnáld ezt megtenni. Jó ember, hazafias érzelmű,
s mint orvos, számos számüzöttel jót tett, jutalom nélküli
gyógyitás által.

Ne neheztelj alkalmatlankodásomért, s légy meggyő-
ződve, hogy ha akár mikor valamiben szolgálatodra lehe-
tek, öröm s készséggel teljesiteném baráti kötelességemet —
maradván állandón

igaz barátod
Vukovics Sebő.

Alexandre Asboth Esq. late lieuti Colonel of the Hunga-
rian Army.   New-York.

— 1 8 5 4 —

I.

I.

Barátom!

Még mindig semmi levél Öntől novemberi leveleimre.

Sanders consult a senatus visszahiván, rajtunk nagy csapást okozott.

Ezen segiteni kell, olvassa el az ide zárt levelet s érteni fogja.

Segiteni kell rajta ugy a mint irom.

Egyik mód: a németeket mozgásba tenni — hirlapokat s meetingeket.

E végett leveleimnek jó német kezekbe kell jutni, de nem tudom az adresseket.

Henningsonnak küldtem 6 darabot, expeditió után még készen lett 5; azt Önhöz küldöm, sietve — consultáljon Henningsonnal, hogy kikhez kell küldeni s kérem, expediálják.

Akármit csinálnak a osztrák javára, mi verekszünk, annyi bizonyos — biztos sikerrel, ha az amerikaiak tesznek mellettünk valamit — kevesebb kilátással, ha nem segitenek — de verekszünk.

Asbóth alezredesnek
rögtön átadandó
London, Mart. 3. 1854.

Ölelem barátsággal
K. Lajos.

21. Alpha Road. Regents Park.
London, England, 2. März 1854

Geehrter Herr!

Das letzt von N.-York angekommene Dampfschiff brachte uns die bedauerliche Nachricht, dass der Senat der Vereinigten Staaten die Ernennung des Herrn George N. Sanders zum Consul der Vereinigten Staaten für London nicht bestättigt hat.

Da mir der einflussreiche Antheil bekannt ist, den H. Sanders bei der lezten Präsidentenwahl an dem eclatanten Siege der demokratischen Parthei gehabt, da wir hier zugleich tägliche Gelegenheit hatten den Eifer und die Energie zu sehen, womit Herr Consul Sanders die Wahrung und Förderung der komerziellen Interessen der V. St. sich angelegen sein lässt, zugleich aber auch sehr oft Zeugen gewesen sind, sowohl der Zufriedenheit und des Vertrauens, die er bei seinen hier handelnden Landsleuten gefunden, als auch des Ansehens, das ihm sich in Allgemeinen hier zu erwerben bereits gelungen ist — hatte uns der erwähnte Beschluss des Senats durch seine augenscheinliche Inconsequenz und Grundlosigkeit jedenfalls höchst überraschen müssen, — doch ich bin zu sehr gewöhnt das Prinzip der Nichteinmischung in die innern Angelegeheiten eines fremden Landes zu respektiren, als dass ich auf der Basis dessen, das in dieser bedauerlichen Angelegenheit nur der innern Politik der V. St. angehört, mir eine Bemerkung erlaubt hätte.

Die Sache hat aber eine weitere Tragweite, — sie schlägt in ihrer Wirkung hinüber in das Gebieth unserer eigenen heiligsten Interessen, ich meine die Freiheit der unterdrückten Nationen Europas und die Zukunft der republikanischen Principien auf diesem Continent.

Herr Consul Sanders hat sich in dieser Hinsicht hier als echter Republikaner, als Mann von Prinzipien bewährt, er hat uns das leider seltenene Schauspiel eines amerikanischen Staatsmannes gegeben, der die republikanischen Prinzipien, die er als Bürger seines Vaterlandes bekennt, auch als Beamter seiner Regierung in seine officielle Laufbahn und in seine ämtlichen Beziehungen politischer, diplomatischer und sozialer Natur überträgt; er als Consul der V. St. hat sich als eine Stütze der politischen Exilirten, als ein warmer Freund der Sache der europäischen Freiheit bewährt, und hat uns Allen, die wir am Triumphe des republikanischen Prinzips arbeiten, stets mit der grössten Bereitwilligkeit jeden Dienst geleistet, der mit den Rücksichten auf die Pflichten seiner Stellung vereinbar war.

Mit einem Worte, als wahrer und würdiger Repräsentant des republikanischen Amerika hatte er durch sein öffentliches und Privatbenehmen hier sich als Stütze des republikanischen Prinzips bewährt.

Und diess ist uns ein desto grösserer Dienst gewesen, je mehr es augenscheinlich ist, dass die politische Lage Europas zu einer Crisis gelangt, die eine Erneuerung des Kampfes der Freiheit gegen die Unterdrückung nahe, und unverändlich macht.

Und ich würde dem Volke der V. St. Unrecht thun, wenn ich nicht behauptete, dass in solchen Augenblicken sich so gegen die Republikaner Europas zu benehmen, wie sich Herr Sanders benommen hat, und benimmt, so viel heisst, als sich neben unserem Danke auch noch das Vertrauen, und die Zufriedenheit des souverainen Volkes der V. St. von Amerika zu verdienen, und sich um die Ehre, Consequenz und Interessen seiner Nation wohl verdient zu machen.

Es ist unter solchen Verhältnissen, mein Herr, dass der Senat der V. St. seine Bestättigung dem Herrn Consul Sanders versagt.

Der Senat hat durch diesen seinen unerwarteten Beschluss einen harten Schlag der Sache der europäischen Freiheit versetzt.

Denn nicht nur sehen wir uns dadurch, die warme Theilnahme und thätige Unterstützung entzogen, die Herr Sanders im Kreise seiner legitimen Befugnisse uns allen so bereitwillig geleistet hat, sondern — was noch mehr ist — der Senat hat durch seinen Beschluss zu der Deutung Anlass gegeben, dass er die Sympathie für die Sache der europäischen Freiheit desavouirt, und es nicht haben will, dass seine diplomatischen Beamten in Europa den Triumph der republikanischen Prinzipien unterstützen.

Ich bin weit entfernt zu glauben, das so eine Absicht der Freiheit Europas vorsätzlich zu schaden, auch nur ein einziges Mitglied das Senates in seiner Abstimmung geleitet hat, wäre das der Fall, so müsste man an der Vitalität des republikanischen Prinzips verzweifeln — aber gewiss ist es, dass dieser Beschluss obschon unabsichtlich, solch einen Erfolg hervorgebracht hat.

Die despotischen Cabinete Europas frohlocken darüber.

8*

Sie halten es für eine praktische Retractation und eclatanten Wiederruf der in der Inaugurations-Adresse des Präsidenten, und in dem Koszta- Brief verkündeten Prinzipien. Sie halten dafür, dass der Senat gerade darum Herrn Sanders entsezt, weil er am offensten seine republikanische Consistenz in den sociellen Beziehungen zu den Republikanern Europas bethätigt hat.

Sie nehmen es als Beweis, dass die Despoten Europas von der Regierung Amerikas nichts zu fürchten, wir hingegen von ihr nichts zu hoffen haben.

Und während diess einen hohnlächelnden Triumph in den Augen der Despoten verursacht, wirkt es andererseits niederdrückend auf den öffentlichen Geist der unterdrückten Nationen, und das gerade im gegenwärtigen kritischen Augenblicke, wo der Glaube an die republikanischen Sympathien Amerikas so wichtig, so ermuthigend und so wohlthätig wäre. Das ist der harte moralische Schlag, den der Senat der Freiheitssache Europas beigebracht. Hat der Senat es (wie ich zuversichtlich glaube) nicht absichtlich gethan, so ist es traurig, dass dieser hochgestellte Körper in der Nebelluft kleinlicher Partei-Rücksichten befangen, die Tragweite und die Wirkung seines Beschlusses nicht ins Auge gefasst.

Die Erinnrung der Geschichte der V. Staaten, und die logische Folgerichtigkeit fundamenten Prinzipien ihres Staattenbaues geben uns vielleicht ein Recht zu erwarten, dass Amerika der Sache der Freiheit in Europa hilft, wenigsten hatte selbst Sr. Exellenz der jetzige Präsident öffentlich anerkannt, dass Amerika für seine Freiheit noch immer Europas Schuldnerin sei.

Doch, wenn sie uns auch nicht nützen wollte — so viel wenigstens können wir verlangen, dass sie uns nicht schade — dass, wenn sie nicht für uns sein will, sie wenigstens nicht gegen uns sei — zu so viel haben wir ein Recht vor Gott, der Welt und der Geschichte. Und doch hat uns Amerika geschadet, der Senat hat durch seinen Beschluss uns einen harten Schlag versezt.

Was ich in Amerika erfahren, gibt mir den zuversichtlichen Glauben, das die öffentliche Meinung des souveränen Volkes der Vereinigten Staaten diesen uns verfügten Schlag nich gutheissen kann.

Auch habe ich zu oft in Amerika gehört, dass die Erwählten des Volkes sich's zur Pflicht und höchsten Ehre rechnen, der Ausdruck des Volkswillens zu sein, als dass ich zweifeln könnte, dass, wenn die oeffentliche Meinung des Volkes auf konstitutionel-

lem Wege sich mit nachhaltiger Kraft äussert, der Präsident der
Vereinigten Staaten mit Vergnügen das Vorrecht seines hohen Am-
tes benützen, und Herrn George N. Sanders zum Consular-Posten
von London noch einmal dem Senate verschlagen wird, der Senat
aber die politischen Folgen seiner Verwerfung reiflich erwägend
den Vorschlag einstimmig sanktionirt, — und so persönliche Ge-
fühle dem hohen Ziele, der Treue für republikanische Prinzipien
unterordnet, beide hohen Zweige des republikanischen Staates sich
beeilen werden in diesem kritischen Momente der Welt kundzu-
thun, dass die unterdrükten Völker Europas nicht Ursache ha-
ben, an der Sympathie der V. Staaten zu verzweifeln; die Despoten
Europas aber belehren, dass republikanische Sympathien eines ame-
kanischen Staatsbeamten einen sichern Anspruch auf das Ver-
trauen der amerikanischen Regierung geben.

Als ich Amerika verliess, habe ich die Saat der thätigen
Sympathie für die Freiheit Europas, die ich dort gesäert, vorzüg-
lich der Pflege der deutschen Bürger Amerikas vermacht, denn sie
sind es, die die republikanischen Gesinnungen ihrer neuen Heimath
mit der Liebe zum alten Vaterlande verbinden.

Und die freie Zukunft des lieben alten Vaterlandes ist mit
der Zukunft der andern Nationalitäten in Europa solidär.

Und wir sind an dem von mir vorhergesagten kritischen
Zeitpunkt angelangt, wo diese Zukunft sich für Jahrhunderte zu
entscheiden hat.

Ein Gewichtskorn in der Waagschale mehr, kann entschei-
dend sein.

Darum wende ich mich an sie, mein Herr, mit der dringen-
den Bitte mit Ihrem eigenen, und mit dem Einflusse Ihrer Freunde
dahin zu wirken, dass im Wege der Presse sowohl, als auch durch
Meetings von entschiedener Farbe sich der Wille des Volkes in
dieser Angelegenheit in der Richtung äussere, die nöthig ist, da-
mit der harte Schlag, den der Senat unabsichtlich der europäi-
schen Freiheit beigebracht, wieder gut gemacht, und das schaden-
frohe Hohnlächeln der Despoten in einen Triumph der Republi-
kaner Europas verwandelt werde.

Ich habe die Ehre mit besonderer Hochachtung mich zu
zeichnen Ihren

ergebenen
L. Kossuth.

(Magyar forditás.)

21. Alpha Rood, Regents Park.
London. Anglia 1854. márt. 7.

Tisztelt ur!

A N.-Yorkból legutóbb érkezett hajó azon sajnos hirt hozta nekünk, hogy az Egyesült Államok senatusa San-ders N. George ur kinevezését az Egyesült Államok londoni consuljává meg nem erősitette.

Miután ismerem Sanders ur befolyásteljes részét a democrata párt utóbbi csattanós győzelmében az elnök-vá-lasztásnál, miután továbbá itten naponként alkalmunk volt látni az erélyt és buzgalmat, melyekkel Sanders consul ur az Egyesült Államok kereskedelmi érdekeit előmozditani törekszik, de tanui voltunk gyakran ép ugy a megelége-désnek és bizalomnak, melyekkel itten kereskedő földiei-nél találkozott, mint a tekintélynek, melyre itten általán szert tennie már sikerült — a senátusnak emlitett határo-zata bennünket mindenesetre meg kellett hogy lépjen kö-vetkezetlensége és indoktalansága által; de sokkal inkább megszoktam respectálni az idegen országok belügyeibe be nem avatkozás elvét, hogy annak alapján, a mi e sajnos ügyben kizárólag az Egyesült Államok belpolitikájára tartozik, megjegyzést engedtem volna meg magamnak.

A dolognak azonban további hordereje is van, hatá-sában átüt saját legszentebb érdekeink körébe, értem Európa elnyomott népeinek szabadságát és a köztársasági elv jövőjét e continensen.

Sanders consul ur e tekintetben itt mint igaz köztár-sasági, mint elvek embere tünt ki; oly amerikai államfér-fiunak, fájdalom ritka, látványát adta nekünk, a ki a köz-társasági elveket, miket mint hazájának polgára vall, mint kormányának tisztviselője átviszi hivatalos pályájára, po-litikai, diplomaticai és társadalmi természetü hivatalos viszonyaiba is; ő, mint az Egyesült Államok consulja a politikai számkiüzöttek támaszául, a magyar szabadság ügyének barátjául tünt ki, és valamennyiünknek, a kik a köztársasági elv diadalán dolgozunk, mindenkor a legnagyobb készséggel tett meg minden szolgálatot, mely a tekintettel állásának kötelességeire összeegyeztethető volt.

Szóval, mint igaz és méltó képviselője a köztársasági Amerikának, nyilvános, ugy mint magán-viselete által a köztársasági elv támaszának tünt ki.

És ez nekünk annál nagyobb szolgálat volt, minél szembetünőbb, hogy Európa politikai helyzete válsághoz érkezett, mely közelivé és elkerülhetlenné teszi a szabadság harczának kiujulását az elnyomás ellen.

És igazságtalanságot követnék el az Egyesült Államok népén, ha nem állitanám, hogy ilyen pillanatokban ugy viseltetni Európa köztársaságiai iránt, a hogy Sanders ur viseltetett és viseltetik, annyit tesz mint köszönetünk mellett kiérdemelni az Egyesült Államok souverain népének bizalmát és megelégedését is, és valójában érdemeket szerezni nemzetének becsülete, következetessége és érdekei körül.

Ily körülmények közt történt uram, hogy az E. Á. senátusa a megerősitést Sanders consultól megtagadja.

A senátus e váratlan határozata által kemény csapást mért az európai szabadság ügyére.

Mert ez által nemcsak azon meleg részvét s támogatás van tőlünk elvonva, melyet Sanders ur legitim illetékességének körében valamennyiünk iránt készséggel tanusitott, hanem — a mi több még — a senatus határozatával alkalmat adott oly magyarázatra, mintha Amerika megczáfolná az európai szabadság iránti rokonszenvet és nem akarná, hogy diplomatiai tisztviselői Európában a közsársasági elvek diadalát támogassák.

Távol vagyok hinni, hogy ily szándék, Európa szabadságának szántszándékosan ártani, a senatusnak akár csak egy tagját is vezérelhette volna szavazásakor; ha ez az eset forogna fenn, akkor kétségbe kellene esni a köztársasági elv életképességén; — de bizonyos, hogy e határozat, habár szándéktalanul, ezt eredményezte.

Európa despota-cabinetjei ujjongnak felette.

Az elnöki inaugurationális feliratban és a Kosztaféle levélben hirdetett elveknek gyakorlati retractiójának és csattanos megtagadásának tekintik. Azt tartják, hogy a senatus ép azért teszi el Sanders urat, mivel a legnyiltabban tanuskodott köztársasági lényéről, társadalmi viszonyaiban Európa köztársaságaihoz.

Tanuságaul vették annak, hogy Európa despotáinak Amerika kormányától nincs mit tartani, nekünk ellenben nincs attól mit remélni.

És mig ez gúnymosolygó diadalt okoz Európa despotáinak szemében, másfelől leverőleg hat az elnyomott nemzetek közszellemére, és ezt épen most, e válságos pillanatban, midőn a hit Amerika köztársasági rokonszenvében annyira fontos, annyira bátoritó, és annyira jótékony volna. Ez a kemény csapás, melyet a senatus Európa szabadságának ügyére mért; ha a senatus (a mint bizton hiszem) nem tette szándékosan, akkor szomoru, hogy a magasan álló testület bizonyos párttekintetek ködös levegőjében elfogúlva, határozatának horderejét és hatását tekintetbe nem veszi.

Az E. Államok történetének emlékezete, és államépülete alapelveinek logikai következetessége jogot adnak tán azt várnunk, hogy Amerika a szabadság ügyét Európában segiti, legalább exc. a mostani elnök, nyilvánosan beismerte, hogy Amerika szabadságaért még mindig Európa adósa.

Hanem, ha már használni nem is akarna nekünk, megkövetelhetjük legalább is azt, hogy ártalmunkra ne legyen, hogy, ha mellettünk lenni nem akar, legalább ellenünk ne legyen, — ennyire jogunk vagyon isten, világ és történelem előtt. És mégis Amerika ártott nekünk, a senatus határozatával súlyos csapást rótt reánk.

A mit Amerikában tapasztaltam, azon bizalomteljes hitet adja nekem, hogy az Egyesült Államok souverain népének közvéleménye e reánk mért csapást helyeselni nem fogja.

Sokkal gyakrabban hallottam azt is, hogy Amerikában a nép választottai kötelességüknek és legfőbb becsületüknek tekintik, a népakarat kifejezésének lenni, mintsem kételkedhetném, hogy, ha a népnek közvéleménye alkotmányos uton tartós erővel nyilatkozik, az Egyesült Államok elnöke örömmel ne venné igénybe hivatalának kiváltságát, és még egyszer javaslatba ne hozná a senatus előtt Sanders N. George urat a londoni consulságra, a senatus pedig éretten megfontolva elvetésének politikai következményeit, az előterjesztést egyhangulag ne szentesitené — és igy személyes érzelmeket alájarendelve a magas czélnak, a hűségnek a köztársasági elvekhez, a köztársasági államkormány mindkét magas ágazata sietni fogna e válságos perczben nyilvánitani a világ előtt, hogy Európa elnyomott népeinek nincs okuk kétségbe esni az E. Államok rokonszenvén; megtanitani Európa despotáit pedig, hogy amerikai államhivatalnok köztársasági rokonszenvei biztos igényt adnak az amerikai kormány bizalmára.

Amerikát elhagyva az Európa szabadsága iránti tetterős rokonszenvnek vetését, melyet ott vetettem, kivált Amerika német polgáraira hagytam, mert ők azok, a kik uj honuk amerikai gondolkodásmódját összekötik a régi haza szeretetével.

És a drága régi honnak szabad jövője solidáris Európa többi nemzetiségeinek jövőjével.

És elérkeztünk az általam előre mondott válságos időponthoz, melyben e jövőnek évszázadokra el kell dőlni,

Egy szemernyivel több a mérlegben határozó lehet.

Ezért fordulok Önhöz uram, azon sürgető kéréssel, hogy az Ön és barátai befolyásával oda hasson, hogy a sajtó utján ugy mint határozott szinezetü meetingekben a nép akarata ez ügyben azon irányban nyilatkozék, mely szükséges, hogy a kemény csapás, melyet a senatus akaratlanul az európai szabadságra mért, ismét jóvátétessék, és a despoták kárörvendező gúnykaczaja Európa köztársaságiainak diadalává változzék.

Van szerencsém kiváló tisztelettel maradni stb.

(Aláirás).

II.

List of Articles delivered by H. Illdemann **M. D.** and C. Goepp, of the Kossuth National Hungarian Loan Commision, to Alex. Asboth Esq. agent of Governor Kossuth.

Philadelphia, April 6-ch 1854.

1. A box containing about ft. st. 10.000 of bonds, sent by I. Townsend Esq. formerly of Detroit, — accountedfor in C. Goepps account.

2-nd. Package in browu paper containing the report and the books of the treasurer, the power of attorney and different other papers.

3-rd. Package in brown paper containing the report accounts books, and papers of C. Goepp, English Correspondent.

4-th. Package, 1779 Impressions Hungaria Funds plate Nr. 1.

5-th. Package, 1400 Impressions Hungaria Fund plate Nr. 1.—2.

6-ch. Package, 722 Impressions Hungaria Fund plate Nr. 3 included in ⎰ Power of attorney and papers, corespendence Package Nr. 2. ⎱ received from Mr. Hajnik.

8-th. Books for the management of. the commission not used.

9-ch 17 inclusive — niue boxes marked respectly with the numbers 3—11 inclusive, never opened.

18. One black trunk containing bonds.

The items above numbered as Nr. 1., 2., 3., 4., 5., 6., 7., 8., all packed in to the black trunk No. 18. Also the balanec of Cash in the treasurers hands . . . . fl. st. 55.73

After deducting the amount of John Weiks bill April 6. 1854. Bill annexed . . . . fl. st. 44.73

Balance . . . fl. st. 11.—

(Az itt közlött irat kékes vékony papirra van irva négy ol-
dalu negyedrétben, külalakja, egészen megfelel a szokásos szál-
litólevelek alakjának, *magyar forditása:*)

Jegyzéke azon czikkeknek, melyeket H. Illdeman
M. D. és C. Goepp urak, a Kossuth-féle magyar nem-
zeti bizottságtól Asbóth Sándor urnak, mint a kormányzó
Kossuth ügynökének átadtak.

Philadelphia, 1854. április 6-án.

1-ör. Egy szelencze (box), melyben 10,000 ft sterling
értékü papir van — küldi T. Townsend esq. — korábban
Detroit — részletezve van a C. Goepp számlájában.

2-or Barna papirba göngyölt csomag, ebben van a
pénztárnok jelentése és könyvei, az ügyvédi felhatalma-
zás s több külön féle iratok.

3-or. Barna papirba göngyölt csomag, ebben van-
nak C. Goepp jelentése, számlái, könyvei és más pa-
pirjai.

4-er. Egy csomagban 1779 darab magyar papir, az
1-ső számu lemezzel nyomva,

5-ör. Csomag 1400 drb. magyar papir, az 1-ső és 2-ik
számu lemezzel.

6-or. Csomag 722 drb magyar papir a 3-ik számu
lemezzel.

7-er. Ügyvédi felhatalmazás, papirok, levelezések Haj-
nik urtól (ezek a 2. sz. alatt emlitett csomaghoz vannak
csatolva.)

8-or. A bizottság által fel nem használt jegyzőkönyvek.

9-er egész a 17-ig bezárolag: kilencz szelencze Három tizenegyig bezárólag számokkal jegyezve, soha sem voltak felnyitva.

18-or. Egy nagy fekete láda értékpapirokkal, bele rakva az 1, **2**, 3, 4, 5, 6, **7**, és 8, számok alatt emlitett csomagok.

Tehát az egyenliték a pénztárban, a pénztárnok kezei közt. . . . . 55 ft ts. 73

s Weik John, 1851 apr. 6-án kelt s ide zárt   44 ft st. 73

számlájának levonása után   11 ft st. —

Philadelphia, 6. April 1854.

Kossuth National-Hungarian-Loan

BOUGHT OF JOHN WEIK,

PUBLISHER, IMPORTER & BOOKSELLER,

No. 195 Chestnut Street, below Sixth.

Carriage et Storage to the 15-ten October 1853 . .	doll. 20.75
Carriage et Storage from the 15-te October 1853 hic	
6. April 1854 for 10 Boxes with Banknotes . .	„ 10.75
	doll. 31.50
Inserates	„ 12.50
	doll. 44.—

Recd Payment

John Weik.

(E s z á m l a egy része szokás szerint nyomtatva van, a más-
rész irva; *magyar forditása:)*

Philadelphia, 1854 april 6-án.

Kossuth magyar nemzeti kölcsön számára (irva)

VÁSÁROLTATOTT JOHN WEIK,

KÖNYVÁROSTÓL

Gesztenye utcza 195 sz. Chestnustreet,

Fuvar- és lakásbér 1853 oktober 18-ig .	20 ft st. 75 c.
Fuvar- és lakásbér 1853 oktob. 15-től 1854	
apr. 6-ig és 10 szelencze bankjegyekhez 10	„ 75 c.
	31 ft st. 50 c.
Hirdetésekért	12 „ 50 „
	44 ft st.

Kifizetést kér

Weik János, s. k.

II.

Col. A. Asbóth.

No. 41 East 13-th fl. corner of University Place New-York.

Rosburg. Dec. 22-d 1851.

My dear Sir!

Although your letter does not, strictly speaking, require an answer, yet I cannot refrain from telling you how much I was touched and gratified by your expressions of approbation and regard. To be honoured by an honoured man is always highly acceptable. — The only alloy to my pleasure is to feel that I have done to little to merit your thanks but you have taken the will for the deed — and it is certainly true that I was most sincerely intrusted in your success and that it would give me the most heartfull plesure to hear that you were the triumphant Candidate for the Monument. Your Plan was so beautiful both in Idea and execution that for this reason alone I should rejoice that our Country should be enriched by such a work of Art — and then I should be doubly glad for your own sake, and for the honor of your Fatherland which is also very dear to me. — Your answers to the Questions of the Committee of which you send me a Copy are very satisfactory and your remarks are true and beautiful selting forth your Idea of what such a Monument should represent. You do not tell me whether you wish me to return this copy to you nor if it would be of any service to you to have it circulated. I should be most happy to do anything to promote your interess, if it were in my power.

I am thankful to hear that Mme Ruttkay is better. I did receive a letter from her, acknowledging the receipt of that which I sent by you. I have also reiceved from her a box of laces and embroideries which she sent at my request. She sent a great many more than those I mentioned so that her box contains articles to a laist amount most of which I shall to my regret, be compelled to return upon her hands as I cannot dispose of them among my friends in these disastrous times. I shall take for myself and my sister as many as I can. I have juste written to Mme R. to request her to inform me how I can s a f e l y return the box and send the money for the Articles I have taken. Will you be so good as to repeat this request to her in case my letter may not reach her and will you ask her write in English or French, as though I speak v e r y b a d German, I cannot read the h a n d w r i t i n g easily.

You give me too much credit for my poor endeavors to assist your Countrymen — because you do not take into account the great pleasure and benefit I have derived from intercourse with them which repay a thousand times anything I can do. What I have seen and heard of Kossuth alone I count among the glorious privileges of my life and not only from him, but from others receive great happiness. Permit me to count you among my honoured friends of yur noble race and beliwe me.

Yours thruly

A. C. L o w e l l.

May I hope to see you whenwer you come to Boston.

(Az itt közlött levél 16-rét, s a finom levélpapir — melyen koronás nemesi czimer, arany mezőben ezüst kereszt áll — mind a négy oldala sürün be van irva, apró, nehezen olvasható, hanyag betükkel; *maggar forditása :)*

Asbóth Sándor ezredesnek.

New-York Egyetemtér 41. szám, keleti oldal 7-ik szöglet.

Rosburg, 1854 deczember 22-én.

Drága Uram!

Habár szigorún véve az Ön levele választ nem igényel, nem mulaszthatom el, hogy ki ne mondjam mennyire meg voltam hatva az ön szives és hálás nyilatkozatai által. Előttem mindig felette becses leend, hogy egy tiszteletreméltó férfi által tiszteltettem meg. Örömömnek csak azon egy árnyoldala van, hogy érzem, mily keveset tettem, miáltal az Ön köszönetét megérdemeljem, de Ön a j ó a -k a r a t o t is t e t t n e k veszi. Csak annyi bizonyos, hogy én őszintén bizom az Ön sikerében s nekem a legnagyobb örömet okozná, ha az emlékszobor felállitását illetőleg Ön lenne győztes a pályázók között.

Az Ön terve az eszmét és kivitelt illetőleg egyaránt oly szép, hogy csak ezért is ohajtanom kell, hogy megyénk ily művészi remekkel gazdaguljon, de még inkább ohajtom ezt az Ön és hazája érdekében, mely valóban előttem is drága.

Az Ön feleletei a bizottság kérdéseire, melyeket másolatban megküldött s megjegyzései, melyek által eszméjét kifejti s elmondja, hogy egy ily emlék-szobornak mit kell ábrázolni — igazak és szépek.

Ön nem irja„ hogy e másolatot viszszaküldjem, — valjon nem tenne-e jó szolgálatot ha közzétennők. Boldog lennék, ha az Ön érdekében valamit tehetnék, a mi hatalmamban áll.

Örvendve hallottam, hogy Ruttkayné asszony jobban van. Levelet kaptam tőle, melyben irja, hogy vette a mit Ön által küldöttem. Egyszersmind vettem tőle egy láda csipkét és himzéseket, melyeket az én felszólitásomra küldött ide, de sokkal többet küldött, mint a mennyit kértem, ugy hogy nagy sajnálatomra egy részét viszsza kell küldenem hozzá, mert ily nehéz időkben barátim közt sem vagyok képes szétosztani; magam és hugom számára megtartok a mennyit lehet.

— Épen most irtam R . . . . aszszonynak, hogy irná meg, mily uton lesz legbiztosabb a láda visszaküldése. A megtartottakért elküldöttem a pénzt, legyen szives Ön s mondja el neki igy a dolgot, hogy azon esetre is, ha levelem nem kapná, értesülve legyen.

Kérem, mondja meg neki, hogy irjon angol vagy franczia nyelven, mert beszélek ugyan valahogy németül, de a német irást csak nagy nehezen olvashatom.

Ön igen nagy becset tulajdonít annak, mit én az Ön honfitársaiért teszek, mert semmibe se számitja azon nagy örömet és szerencsét, a mit a velök való együttlétből meritek s a mi ezerszeresen viszszafizeti, a mit én tehetek. Csak hogy láttam Kossuthot, s a miket tőle hallottam, életem dicsősége leend örökké, s nem csak ő, hanem a többi is sok gyöngyörüséget szerzett nekem. — Engedje meg, hogy Önt nemes fajából való tisztelt barátim közé számithassam s legyen meggyőződve, hogy vagyok

igaz barátja

A. C. L o w e l l

(Oldaljegyzet az utolsó lapon :)

Remélhetem-e, hogy Önt látni fogom mikor Bostonba fog jőni?

9*

— 1855. —

Savannah, nov. 5-ik 1855.

Kedves barátom!

Holnap lesz két hete, hogy elhagytam benneteket, s nékem ugy látszik, hogy már egy század. Magányosság soha sem kellemetes, de csak akkor érzendő a magánylét kellemetlenségei egész súlya, ha az ember beteges vagy inkább beteg. Utazásom az eső és sok kocsiváltás által kellemetlenné tétetvén, még a természetes következéseit sem hagyta ki, az az, hogy nagyon kifárasztott s elgyöngitett; de hála Istennek egy héti itt létem alatt annyira a mennyire ismét helyre vergődtem. Nem akarom a jó szerencsét elkiáltani, de ugy látszik, hogy életerőm még nincs annyira betegségem által elhasználva, hogy reá a klima- változás ne hasson. Adja Isten, hogy érzésem ne csaljon. De ugy gondolom, hogy köhögésem kevesebb s könnyebb, lélegzetem javul, mély·fájdalmaim szünnek, s erőm növekszik. Természetesen mindez csak lassan megy, de csak az értheti azon érzést, a ki maga is ily beteg volt, hogy mit tesz az: az első, ha még oly kis javulást érezni, mikor az ember évek óta mindig csak rosszabbul lett s végét napról napra közeledni látta. Csak ne csaljanak mindezen jelek. — Az idő itt szép. Ha reggel borul is, még nem volt egy nap sem, hogy ne tölthettem volna 5—6 órát szabad ég alatt, de az estékre nagyon kell vigyáznom. A mi a földet illeti, bizon nagyon hasonlit Long-Islandhoz. Termeszteni lehet végtére, de csak mégis jobb földre szeretnék én szert tenni. Floridáról sok jót hallok s innen nagyon sok ember megy oda. A gyorskocsi jár már az Orang-lakehoz s egész Tampaig s igy az Atlanticumot s mexicoi golfot öszszeköti. Floridai lapok már vasutról is irnak.

Mi a kilátásod? Henningson még megmaradt tervei mellett? Jösz-e s mikor?

Csak minél előbb. Kérlek, ird meg véleményedet, valjon hiszed-e, hogy Henningson ide fog-e jönni s tervei igazán szándéka-e vagy nem. Vezényleni fog tetteimben.

Hát különben mit csináltok, de szeretnék véletek lenni s egyet jó izüet beszélgetni. Itt alig nyitom ki számat s mint egy medve haragosan járkálok. Timest (N. Y. Daily times) itt nem találok; kérlek, légy oly szives, ha Kossuthnak van levele, aztat kivenni s elküldéni.

Tisztelem Henningsont s nejét, köszöntöm barátainkat. Ruttkayné ő nagyságának csókolom kezeit Ölelve téged vagyok őszinte barátod

Somssich.

Szives válaszodat csak egyszerüen Savannah Georgia adressáld, mert a postáról kell elhozni.

— 1859. —

I.

London, 31. Upper Gower Street
Junius 14. 1859.

Kedves barátom! Keserves évek vonultak el őszülő fejem fölött, mióta Öntől levelet kaptam.

Még csak szállását sem tudám.

Ha Pongrácz kissé elhamarkodott békétlenséggel ide nem vetődik, most sem tudnám s nem irhatnék.

Pedig fontos közleni válóim vannak, miként azt — elfoglaltságom miatt titoknokom által — egy szintugy a mai napon Ujházynak irott levelemnek a tulsó lapon s folytatólagosan tett másolatjából látandja.

Bármi érdekes is, a mit közlök, az n e m n y i l v á n o s-s á g r a v a l ó. Azoknak azonban hazánkfiai közül, a kikben bizik, hallgatás igérete alatt, elolvashatja, sőt kell hogy elolvassa.

Átalában megjegyzem, hogy ha valósággal tettre kerül is a dolog, én csak azoknak fogok munkatért nyitni, kikben bizhatunk, a kiknek ellenségeimnek tetszett lenni, azokra nem fogom bizalmamat vesztegetni — a pletyka-fészkeket, az intrigánsokat, a haszontalan szélkakas természetü jellemeket távol kell tartani. — A népben van az erő honn, nem mi bennünk; a szám, jog s hatalom a nemzetnél van, — mi csak cseppek vagyunk, s közülünk nem mindenkire, hanem csak a szivben, lélekben, czélban s eszközökben egyetértőkre van szükség — az apró ambitiócskákat, intrigákat, fontoskodásokat türni nem fogom, mert veszélyei volnának a honnak, mint voltak a multban; — de a tisztakeblü hazafiaknak tért nyitok — ha magamnak tér nyílik szolgálni a hazának.

S most ad medias res.

Nagy dolgok előestéjén élünk, a mi után tiz nehéz éven át lelkünk sovárgott, mint csak a hazáját mindenek fölött imádó magyar lelke sovárghat — kilátás! alkalom! kitüzni hazánk függetlenségének zászlaját, kitüzni oly kilátással, hogy a siker nemzetünk elhatározásának értelmében legyen; a kilátás, az alkalom ujra keresztülküzdeni a harczot, melybeni bukásunk nemcsak nem vetett homályt fajunkra, sőt nevét magasbra emelte, mint Mátyás kora óta állott, s fiatal életrevalóságának kihirdetésével jövendőjét a historia postulatumai közé iktatta, — ez alkalom, e kilátás előttünk áll!

Nem mondom, hogy bizonyos — csak kilátásról szólok; mert habár nagy akadályok vannak legyőzve, még igen nagyok állanak utunkban — s roppant óvatosságra van szükségünk; — de a kilátás megvan; több mint kilátás, mert váratlan eseményeknek kell történni, hogy a pohár, mely után kezünk már kinyujtva van, tőlünk elragadtassék.

Mielőtt azonban elmondanám a tényt, egy-két észrevételt bocsátok előre.

Én republikánus vagyok — a királyok megtanitottak gyülölni e szót: király. — De hazámat inkább szeretem mint elméletimet, s hivebben ragaszkodom az irántai kötelességhez, mint gyülöletemhez.

Soroztam az irántai kötelességeket.

Legfelül áll nemzetünk élete, függetlensége, — a kormányforma csak másod-tekintet.

Azért igy gondolkozám: ha királyt elfogadva a füg-

getlenséget kivivhatjuk; ha királyt elfogadva a független-
ségi harcz megujitását a siker okszerü kilátásával lehetsé-
gessé, a győzelmet biztosabbá, az áldozatot, a szenvedést
kisebbé tehetjük, — én, a republikánus, elfogadok ki-
rályt, s tanácsolni fogom a nemzetnek, fogadja el alkot-
mányos alapon.

Igy vallottam mindig — mindig.

Továbbá megtanultam a históriából, hogy gyakran a
legellenkezőbb érdekek találkoznak egy közös pontban (a
despotiánus Francziaország az amerikai angol koloniákat
függetlenségre és republ. szabadságra segitette.)

Azért mindig mondtam, vallottam nyiltan, hogy a ki
érdektalálkozásnál fogva hazám függetlenségének kivivá-
sára alkalmat s módot nyujt, legyen az király, császár,
despota, keresztény vagy török; legyen az az ördög maga
— elfogadom szövetségesnek — föltéve, hogy biztositha-
tom hazámat a megcsalatás ellen.

Már most az alkalmazásra jövök.

Mióta láttam, hogy a francziák császára a piemonti
királylyal magát az osztrák elleni olasz háborura elhatá-
rozta, mondám magamnak, hogy a ki hazánk elnyomójá-
nak árt, nekünk használhat, — s kérdém magamtól, van-e
pont, melyben érdekeink találkozhatnak?

Ezekben találtam az érdekek találkozását:

1. Nem lesz könnyü az osztrákot olasz földről egé-
szen kilökni, ha egyszer a roppant erősségü, Minció s
Addige közötti hires strategikai négyszögbe beveszi magát,
hacsak más oldalról is nem támadtatik meg, még pedig
oly oldalról, hol hadi ressource-aitól megfosztathatik. —
Ezt (mint I. Napoleon tevé), egy kombinált rheinai cam-
pagne-nyal most nem eszközölhetni, mert a németeket zu-
ditaná föl. Triest megtámadásával szintúgy nem, hasonló
oknál fogva. Velence bevétele nagy erőfeszitést kiván, s bá-
zisúl hadműködésre nem szolgálhatna; azt ell kell venni

az osztráktól, de győzelmek következtében, nem győzelem könnyitése végett, — s különben is mindezen kombinátiók, ha elvonnának erőt az osztráktól Olaszhonban, hasonló vagy több erőt vonnának el a szövetségesektől, s nem volna benne nyereség. Nem marad tehát más kombinált operáczió, mint a háborúnak Magyarországra kiterjesztése. Ez joggal nem provokálhatja a német szövetséget; nem ütközik az 1815-iki kötésekbe, — a mellett roppant strategikai előnynyel bír, mert nem csak megfosztja az osztrákot fő hadi ressource-átol, hanem 15 millió alattvalóból ugyanannyi ellenséget ad neki — s ide 40—50 ezer embernyi haderő vetve, néhány hét alatt 150 ezer emberrel neveli a szövetséges haderőt s azon kivül dissolutiót hoszhat az osztrák hadseregébe.

2. Ha ki lehetne is az osztrákot nélkülünk Olaszhonból verni, nem lehet az olasz kérdést nélkülünk megoldani; mert nem elég e czélra őt kiverni, ugy kell kiverni, hogy többé vissza ne meghessen. Pedig ha Magyarország birtoka által az osztrák elsőrendü hatalom marad, első lehető alkalommal visszamegy. Egy második kiadása a leobeni, campo-formioi kötéseknek volna csak lehetséges, nem végmegoldása a kérdésnek.

Ugy látom tehát, hogy van köztünk s a franczia császár s piemonti király között érdekközösség, mely kiindulási pontúl szolgálhat alkura.

Első feladat volt tehát ez érdekközösségről meggyőzni e hatalmakat.

Megtörtént. Klapka személyes összeköttetései utján Párisban és Turinban, Teleky Párisban, én innen ügynökeim által ebben sikerrel jártunk el.

Ezután az a tekintet fordúlt elő, hogy, ha Magyarország kooperácziójára szükségök van a hatalmaknak, ne hagyjuk magunkat eszközül fölhasználtatni idegen czélokra hanem azt eszközöljük, hogy hazánk függetlensége bár nem superordinált, de koordinált czélul vétessék.

Erre biztosítások kellettek.

A biztosítást abban kerestem, hogy az alku egyenesen velem történjék. Mert miután tény (mint arról a hatalmak saját utjokon magoknak meggyőződést szereztek, a mit minden tudósítás a honból annyira erősít, hogy mélyen megilletve érzem magamat, népünknek határtalan s a históriában jóformán példa nélküli bizalma által), miután, mondom, tény, hogy a nép bizalma bennem összpontosúl s csak oly mozgalmat kész tömegestől követni, melynek engem lát élén, akarjam, ne akarjam: én vagyok felelős arról, hogy se meg ne csalassék, se kétséges mozgalmakba ne sodortassék.

Azért velem kell az alkunak történni oly alapokon, melyekben biztosítást láthatok. Mert ha még egy forradalomban meguknék a magyar, nemcsak hogy hosszú időre, de hihető örökre meg volna rontva jövője, mivel erejéből kimerülvén a legközelebbi forradalom alkalmasínt olyan volna, mely a magyart saját hazájában csak lakosnak, nem nemzetnek hagyná meg.

E pontot is keresztülvittük. Klapka és Teleki május elején átjöttek Londonba Napoleon herczegnek a császár megegyezéséveli megbizásából, engem Párisba a végett meghíni, hogy a hatalommal értekezzem.

Átmentem.

De mielőtt átmentem volna, megállapodtam a föltételekben, melyek alatt a harczban résztvenni és nemzetünket fegyverbe szólitani ajánlkozhatom. Föltételeimben Klapka és Teleki egyetértettek.

Nézetem az volt, hogy oly föltételeket kell szabnom, melyek a hatalmakat hazánk függetlenségével nyiltan identifikálják, a visszalépést lehetetlenné tegyék részükről, nekünk pedig módot szolgáltassanak nemzeti erőnket oly módon s oly terjedelemben kifejthetni s organizálhatni, hogy az megtörténvén, a biztosítást önmagunkban találhassuk.

Főbb föltételem, a „conditio sine qua non" az : hogy franczia hadsereg küldessék Magyarhonba, hogy a franczia zászló valósággal angageiroztassék magyar földön, hogy annak éléről proklamáczió bocsáttasék ki a császár nevében (az 1809-ki proklamáczió példájára) oly értelemben, hogy miután a magyar nemzet 1849-ben helyes okoknál fogva az osztrák házat trónvesztettnek s magát függetlennek nyilatkoztatta, a francziák császárja mint szövetséges oly czélból küldi hadseregét Magyarhonba, hogy a nemzetet ünnepélyesen kijelentett függetlenségének helyreállitásában segitse. Én a sereggel megyek be, s csak mikor ez mind megtörtént, s nem hamarább, szólitom fegyverbe a nemzetet.

Eszerint ez alap, melyre a dolgot fektetni magamat elhatározám, az : hogy én igéretek fejében nem hagyom a nemzetet vérfürdőbe sodortatni, — nekem tény kell biztositékól, tény! — ha nem, nem. — Igéretek fejében kompromittálhatom magamat s megnyugvást keresendek a gondolatban, hogy tartoztam hazámnak megkisérteni, tudok-e számára alkalmat s módot teremteni, mely ujjászületését csak saját elhatározásától tegye függővé.

De hazámat kompromittálni nem engedem.

A franczia haderőnek pedig, melynek Magyarországba küldését „conditio sine qua non"-nak állitám föl, olyannak kell lenni, mely elég erős legyen, nekünk időt nyujtani nemzeti erőnk kifejtésére és szervezésére. Mert most nem vagyunk oly helyzetben, mint 1848-ban, midőn kormány lévén, az ország hadi forrási kezünkben voltak, s az elző tiz zászlóalja: s a nemzetőrséget törvényes uton állithattuk sikra. Most nem orgánizálhatnánk, támasz nél-

kül minden nem organisált népies mozgalom pedig elti-
portatnék.

Ezen határozatokkal mentem Párisba.

Szóltam előbb a herczeggel Teleki és Klapka jelen-
létében. Aztán a herczeg megbizatása szerint nyomban je-
lentést tett a csaszárnak, s még azon éjjel eljött értem,
hogy vele a császárhoz menjek, kivel, egyedűl a herczeg
jelenlétében, az éjbe messze behuzódott hosszu értekezé-
sem volt.

Nem mehetek apró részletekbe irásban; ha látjuk egy-
mást, majd elmondom. Elég legyen ennyi: a császár nem
avatkozik belügyeinkbe; adunk mogunknak oly konstitu-
tiót, aminőt akarunk, csak azt kivánja, hogy nem repub-
likánus, hanem monárchiális kormányformát válaszszunk
oly alkotmánynyal, a mint jónak látjuk. Hogy ki legyen
a király, az is a nemzet szabad választására hagyatik, —
ő nem proponál senkit, — választásunkat az európai kon-
junkturák fogják irányozni. Biztosittattunk, hogy az orosz
nem fog interveniálni ellenünk.

Fegyverekben, hadi szerekben s a legelső szükségle-
tü pénzben segély adatik, s azoknak kellő helyre
elszállitása már munkába vétetett, (detailokat nem ir-
hatok).

Eddig minden jól ment, azonban a „conditio sine qua
non“-ra, a sereg küldésére nézve a császár detailirozta
nehézségeit: minő színben fog megjelenni a kormányok
előtt, ha azt vethetik szemére, hogy ő küld sereget s
annak éléről ő szólit föl revolutióra egy nemzetet. Em-
líti, hogy az angol kormánytól oka van tartani, hogy Ausz-
tria mellé állana ez esetben, s őt egész Németország kö-
vetné, — s ezen s hasonló okok alapján mindent elköve-
tett, hogy engem rábirjon, miszerint a kezünkre szolgál-
tatandó eszközök segitségével insurrektiót provokáljunk,
pl. a székelyföldön, szentül igérvén, hogy sereget küldend

segitségünkre. De én kötelességemnek tartottam föltételem mellett maradni „először sereget magyar földre — azután fölkelés"; okúl adám, hogy a fölkelés organisálatlan állapotban nem volna addig tartható, mig segély érkeznék, — az osztrák azt első csirájában agyon sujtaná, s a következés az volna, hogy ekként leveretvén a fölkelés, majd akkor sem kelne föl a nemzet fölhivásomra, ha az események folytában a császár csakugyan seregküldésre határozná el magát.

Végre hát ebben lőn a megállapodás: Jöjjek mindenek előtt vissza Angliába, s agitátió utján használjam föl befolyásomat a közvéleményre, hogy Anglia részéről a non interventio biztosittassék.

Ezt bevégezve menjek Genuába, ott Klapka- és Telekivel „Magyar nemzeti igazgatóság", „Comitee National Hongrois" czim alatt (én mint elnök) vezessük az ügyeket addig, mig a hon földére lépünk, hol a nemzet által kiszabott módon (vide függetlenségi nyilatkozat) viendem a kormányt, még a nemzet mást határozhatand.

Oda érkezvén iparkodandunk a magyar seregekre hatni. Felütjük a magyar zászlót Genuában (szegény magyar zászló hadd lobogjon megint szabadon s hivatalosan szövetséges földön!) — orgánizáljuk a mi magyar erőt kapunk hadifoglyokból és átjövőkből légió név alatt, de azon kilátással, hogy haza vezérelendjük — s azért magyar zászló alatt, magyar egyenruhával magyar kommandó alatt.

Mig ezek történnek, a császár egyrészt folytatja hadjáratát, másrészt készületeket teszen a magyar expeditióra; a részletekről nem tanácsos irnom, és ha legyőzhetlen akadályok nem jövendnek közbe, még az idén foganatba veszszük az általam „conditio sine qua non" gyanánt fölállitott operácziót.

Ezeknek következtében visszajöttem Angliába; négy nagy meetinget tartottam: Londonban (a lord Mayor el-

nöklete alatt), Manchersterben, Brandfordban, és Glasgow-
ban, agitáczióm visszhangra talált — végig rezgette Ang-
liát; Skócziát és oly sikerrel, hogy a mennyiben az angol
külpolitikára a közvéleménynek hatása lehet, (pedig par-
lament utján elvégre is döntő hatással bir) a nem inter-
ventió biztositva lőn.

S ez nem elég; a parliament junius 7-én nyittatván
meg, a közvélemény befolyással volt arra, hogy az oppo-
sitió főnökei mindjárt az adresse-debatte-nál eldöntő har-
czot vivni magokat elhatározák, mert fegyvert szolgálta-
tott kezökbe azon közönségesen elterjedt meggyőződés,
mit én czálfolhatlan alapokon agitátióm által meggyö-
kereztettem, hogy a Derby-miniszterium osztrák hajlamú.
A bizalmatlansági inditvány azonnali behozatala el lévén
határozva, minthogy a pártok meglehetősen egyensúlyozva
voltak, s néhány vokstól függendett az eredmény — a
parlamenti tagok között nehány meghittebb barátimat si-
került arra birnom, hogy, mivel a nem intervencziót ki-
vánják, voksaikat az e részben adandó biztositékokhoz
kössék. S azért mielőtt magukat a Derby-ministerium el-
len szavazni kötelezték, az oppositio vezéreit s némely de-
signált ministereket felszólitották, kötelezik-e magokat a
szoros neutrálitást megtartatni azon esetben is, ha a háboru
Olaszországon tul, nevezetesen Magyarországra kiterjesztet-
nék — s igy kiterjesztetvén, a franczia császár a magyar
nemzetet függetlenségének vele szövetségben kivivására föl-
szólitaná, s a magyar nemzet e fölszólitásnak megfelelne?
Igy történt, hogy parlamenti barátaink lord Palmerstontól,
lord John Russeltól, Sidney Herberttől, sir Charles Wood-
tól, sir Benjamin Hulltól (mind designált miniszterek) a leg-
positivabb biztositékokat nyerték, hogy a kérdett esetben
sem fogják Ausztriát gyámolitani. Mely igéretnek becse nö-
vekszik az által 1-szer, hogy ágitátióm következtében a
hazánk ügye iránti szympathia ujból oly határozottan nyi-

latkozott, miszerint többen a designált miniszterek közűl elismerték, hogy nincs oly minisztérium, mely Magyarország ellen az osztrákot támogatni merhetné, mert a ki ezt merné tenni, a közvélemény 48 óra alatt összezúzná, 2-szor az által, hogy a miniszteriumban lesz két-három oly ügybarátunk, ki elég hatalommal birand a harcznak hazánkra kiterjededését megakadályozni czélozhatandott diplomátiai manoeuvreket lehetetlenné tenni.

A tory-minisztérium megbukott, s azok kik ama biztositékokat adák, most miniszteriumot alakitanak.

Ezen fordulattal a legnagyobb akadály, mely utunkban állott, el van háritva. Hiszem, hogy a siker, melylyel abban, mit magamra vállalék, eljártam, kilátásainkat az expeditióra nagyon növelte.

Most már mehetek Olaszhonba. Szándékom 16-án indúlni. Nyiltan megyek, nyiltan érkezem (ezt föltételül tevém,) nyilt érkezésem alapot készitend a proclamáczió sikerének, melyet már most a magyar hadsereghez kibocsá· tandunk.

Időközben — minthogy csaták vivatván a hadifoglyok között magyarok is lehetendettek, s ezekkel az organizátió megkezdendhetett, Klapka és Teleki már mintegy három hét óta Genuában vannak, néhány főtisztekkel, kiket oda rendelénk; közöttük Ihász, ki az első magyar gyalog dandárt parancsnokolja. Folyó hó 9-én már egy erős zászlóalj számu legénysége volt. Két hét alatt a dandárt kompletnek reméljük.

E közgondjaink között nem feledkezhetünk el amerikai honfitársaink érdekeiről. Már hetek előtt kérdést tevénk a piemonti kormánynál, hogy mik azon biztositékok, miket az Amerikából átjövendő katonai egyéneknek ajánlhatok? mert lelkiismeretben járó dolog őket situátióikból kiráznunk a nélkül, hogy őket biztositanók, hogy ha várakozásaink meghiusúlnának, nem fognak állás nélkül hagyatni, vagy legalább a kik akarnák, Amerikába visszaszállittatnak. Mint szintén arról is biztositást kivántunk, vajjon az átjövendők mindjárt dijaztatni fognak-e?

A felelet az volt, hogy ne küljünk még földszólitást Amerikába — várjunk még nehány hetet.

E dolgokat — mihelyt Piemontba érkezem, azonnal elintézzük, s ahoz képest fogok Genuából irni Newyorkba.

Adjuk még ehhez hozzá, hogy a horvát, szerb és oláh nemzetiségekkel egyetértés már részint biztositva, részint biztositás alatt s a nemzet a kilátásokról értesitve van, s hogy a nemzet szelleme a lehető legjobb: s föltéve, hogy mink erős franczia sereggel megyünk haza, teljes okom van bizni, hogy a nemzet tömegben fölkél s megérkezésünk után kevés hét alatt 100—150 ezer emberünk lesz fegyverben, s kilátásainkról mondottam annyit, mennyit a köteles óvatosság megengedett, — de mondottam eleget, hogy örömet s reményt gerjeszszek.

Fő megnyugvásomat e gondolatban találom: hogy ámbár ki nem kerülhető, hogy személyileg némi kompromissióba ne jöjjünk, ha semmi sem talál lenni a dologból, mert hazánk érdeke hozta magával, hogy az Anglia politikájára való hatást s az elementáris genuai organizácziót meg ne tagadjuk; azt mégis kezünkben tartottam, hogy hazánk kompromittálva ne legyen.

Mert ha a nagyhatalmaktól eredő nehézségek folytán franczia hadsereg nem küldetik honunkba, én nem fogom a nemzetet fölkelésre fölszólitani, sőt meg fogom inteni, hogy ne mozduljon s jövendőjét sértetlen épségben tartsa fönn. Azt pedig tudom, nem mint véleményt, hanem mint pozitiv tényt, hogy a nép éntőlem várja a fölszólitást, s a nélkül nem mozdúl.

Igy hát ha (mit isten ne adjon) minden törekvéseink mellett sem volnánk képesek hazánknak fölszabadulására módot nyujtani, legalább a haszontalan vérontás s egy sikertelen fölkeléssel járó végetlen nyomor szerencsétlenségétől megóvjuk.

Személyeink kompromissióját pedig a mi illeti, hiszem, elismerendi a részrehajlatlan história, hogy csak kötelességemet teljesitettem, midőn személyes kompromissióval nem gondolva, megkisértém, nem lehet-e a jelen bonyodalmakat hazánk javára forditani.

Otthon a népszellem igen jó — a gyülölség az osztrák ellen leirhatatlan. Még a magyar katonaság is, a mint Olaszhonba szállittatik, ezt danolja: „Visznek minket vasuttal, visszajövünk Kossuthtal“, — s a tisztek nem merik . . . hallani. Ez pozitiv tény; sokat mondhatnék ilyet s hasonlót — de hagyjuk ezt.

Már mostan röviden hosszu levelem zárlatára térek.

Most még nincs ideje, hogy Önök Amerikából mozdúljanak. Most még legfölebb csak ott vagyunk, hogy „Magyar Légió“ név alatt orgánizáczió történik a magyar hadi foglyokból Genuában, de ha csak az nem lesz biztositva, hogy az ekként orgánizált erőt franczia sereggel együtt haza vezetjük, a legió csak Olaszhonbani szolgálatot jelenthetne, s ekkor nem csak hogy Önöknek nem volna méltó elhagyni Amerikát, de az is még, a mi már Genuában van, szétbomlana, mert holmi vimeai „lengyel-legio“-forma szerep nem a mienk.

Aztán még addig sem vagyunk, hogy az emigráczió több tisztjének, mint a mennyi már ott van, szolgálatba elfogadása bizonyos.

Mindezt először tisztába kell hoznom személyesen Genuában, majd irok onnan.

Időközben ez volna a teendő:

Egy-két jó emberrel (Fornet őrnagy egyik lehetne) egyetértésben össze kellene irni az Amerikában levő, bizalmat érdemlő honfitársak, különösen a katonai egyének állam-kimutatását (Standes-Ausweis) s nekem átküldeni.

Egy amerikai (nem magyar) comitét kellene össze-hozni (szóljon Sanderssel iránta) oly végre, hogy pénzala-pot gyüjtsön azon czélra, hogy ha én fölszólitandom hon-fitársaimat, hogy a kik a hazát a harcztéren szolgálni akarják, jöjjenek: — elszállittatásuk költségei fedeztet-hessenek. — A módot, melyen az eszközölhető jól fontól-ják meg.

Ez jó volna azért, mert meglehet a kormányok azt mondják, van elég ember, s a ki jó, elfogadtathatik, de azt nem teszik, hogy költséges elszállitást vállaljanak ma-gokra.

Szeretném ha George Lou raktárából a 20 vadász-fegyvert (rifle) s a nyeregszerszámokat Ön átvenné, ha ugyan még megvannak; golyóöntő is van ott, ugy tetszik.

Az pedig már épen jó volna, ha oly comitét lehetne állitani, mely a legujabb javitásoknak a hadszerelésben mintáit, vagy épen egyes, kisebb gépszereit is számunkra megszerezné, például kapszli-gép, Shrapnel táv-regulátor stb., a hajdan tervezett főzőkonyhaszekér mintáját is oda értve stb., — de megjegyzem, hogy semmi pénzvisszaté-ritési kötelezettségekbe nem ereszkedhetem.

Irjon kérem ezen adresse-ra:

Jules Tanárki K. Aqua Sola. Salita dei Capucini Nr. 31.

Génes, Etats Sardes, Europa.

S most isten áldja, édes barátom, maradok

hű barátja, K o s s u t h.

II.

A 4000-et meghaladó legiónk felosztatván — mint-
egy 100 egyént kivéve, — annak tagjai a zürichi confe-
renczián eszközlött tökéletes, teljes amnestiával haza men-
tek. A nemzeti igazgatóság, mely előbb Genuában, a vég-
napokban pedig Turinban székelt, julius 16-án feloszlott
— Klapka tábornok még hátramaradt, a légió tökéletes
eloszlatásaig a szükséges kormányintézkedéseket rendezni.
— Szeptember 14-től 22-ig embereink mind utnak indit-
tattak és igy szétmentek a főnökök is; — a legiónak volt két
gyalog dandárja, az elsőt vezényelte Ihász ezredes, a mási-
kat Kiss Miklós ezredes — a Vercelliben szervezendett lo-
vasság-dandárnak parancsnoksága Bethlen ezredesre lett
volna bizva.

Kossuth Londonban van, gr. Teleky László Párisban
— Klapka tábornok Genfben — Ihász ezredes Klapka
tábornok előterjesztésére a sardiniai rendes seregbe lépett
át mint ezredes. Gr. Bethlen ezredes meghivatott, s a meg-
hivást el is fogadta Parmába az ugynevezett piacencai
huszárezred szervezésére, mely igen szépen halad, vele
van már 11 magyar tiszt a légióból — Krovachy tüzér-
ezredes Középolaszhonban elfogadta a tüzérség szervezést,
Türr ezredes Garibaldival működvén, legott bal karján
megsebesült s jelenleg piemonti évpénzben részesült Mi-
lanóban.

Hazánkban a mozgalom nagyszerű, a Vojvodina és Horvátország az anyaországhoz visszacsatoltatni kivánják magokat, — az erdélyi szászok nyiltan gyülésben kijelentették, hogy érdekük a magyarral egy és együtt akarnak haladni — az érzelem általános egy — nincs liberális, nincs pecsovics, nincs pap, nincs nemes, nincs paraszt, nincs német, tót, oláh, szerb, rácz, szász, minden pártok megszüntek — csak magyar van.

Zsedényi, a késmárki protestáns lutherán gyülés elnöke — 48-ban a pecsovics párt vezére és 48 után az osztrák zsarnoknak főtámasza, most szintén fogva van 129 más hittársával.

Pesten a calvin gyülekezet alkalmával egy vasas német ezred bevágott a népbe és a vezérek alig tarthatták vissza a népet, a pesti egyetemi ifjuság deczember 16-án nagy demonstratiót tett, egy fogságba vetett tanulótársukat tömegesen követelték rögtön kibocsáttatni a rendőr igazgató [előtt, s támogatta őket fenyegetőzve a piaczon, mintegy 15,000-nyi néptömeg. A rendőrigazgató megijedve azonnal telegrafirozott Bécsbe, honnan telegraph által azon parancsot kapta, hogy ilyetén hatalmaskodás irányában azonnal bocsássa szabadon az elfogott tanuló ifjut. — Belátta az osztrák kormány, hogy a hadsereg nem képes a mozgalmat elfojtani, hol az az egész országban általános. — Maximilián, a császár öcscse, sürgetvén concessiókat, összeveszett véle és Braziliába utazott, miután mondta, hogy a korona a családé, nem egyes tagé és azt megóvni a család minden egyes tagjának joga és kötelessége. — Most elfogatások, házkutatások napirenden vannak, de ez se baj, ehhez hozzá van már szokva népünk, mely érzi, hogy most már csordultig telve a pohár, s a törésnek meg kell történnie. — Hire van, hogy a császár le akar köszönni fia javára.

A legiónáriusaink szeplőtlen magaviselete, nemes magatartása, mind a franczia, mind az olasz sereg s egyáltalán a piemonti nép becsülését, tiszteletét vivta ki magának.

Soha nemzetnek nem volt a külföldön oly mértékben tisztelete, becsülete mint a mi szegény elárult nemzetünknek, melynek igazságos felkiáltására eddigelé süket maradt Európa.

Az osztrák szavát szegte (congress) és visszatért embereinket strof-compagniákba sorozta — Kossuth e részben panaszt emelt Párisban. Hihető, hogy a törés közel van, és hogy rövid idő mulva kedves hazánk veendi szolgálatunkat igénybe ismét, az osztrák 50,000-nyi hadtestet rendelt be hazánkba és a soldatesca zaklatások ismét megkezdődtek. A nép jelszava „ne fizessünk adót a németnek", ha a magyarok Istene ugy akarja, mint magunk, a tavaszkor megkezdjük ügyünk harczát ott, hol 1849-ben elhagytuk.

III.

A magyar nemzeti igazgatóság bucsúszavaiból egy töredék.

Befejeztük azt (a magyar nemzeti igazgatóságot) sebzett kebellel, de nem reménytelenül, meghajólva a hiusult kilátások miatt, de nem megtörve. — Tűrni, szenvedni, készek ha kell; tenni eltökéltek, ha s mikor lehet. — Hazánk iránti kötelességérzetünket semmi viszontagság sem fogja soha megingatni: s e kötelességérzethez azon meggyőződés csatlakozik, melyet a jelen viszonyok minden balvégzet mellett is erősitnek, hogy magyar hazánk függetlensége Európa rendes állapotba juttatásának oly mellőzhetlen feltétele, mely nélkül sem az olasz, sem akármely európai nagy kérdés meg nem oldható. Ezért vallásos hitünkhöz tartozik, hogy édes hazánknak szabad s független jövendője van, csak nemzetünk összesen és egyenkint magához hű maradjon.

Visszatérünk a számkivetésbe azon öntudattal, minek alapja nem maradand ismeretlen nemzetünk s a historia előtt, hogy vétkeztünk volna a jó polgár kötelesség ellen, ha részvétre hivatva fel, — midőn hazánk elnyomója ellen egy óriási harcz volt készülőben — elmulasztottuk volna megkisérteni, ha nem fordithatjuk e hazánk felszabaditásának alkalmára az ajánlott kilátásokat.

A végzet máskép akart, de vigasztal azon öntudat, melyet igazolni is képesek vagyunk, hogy oly alapra fektettük működésűnket s oly biztosítékokat szereztünk meg, melyek, ha a háboru ily kora váratlan véget nem ér — hazánk függetlenségének helyreállitását nemzetünk férfias eltökélésének érzelmébe helyezendették — most pedig, hogy béke köttetett, szenvedő hazánkat legalább nagy szerencsétlenségtől óvták meg.

Ez is vigasztalás, mert sértetlen maradt hazánk jövendője, mely óvatosságunk nélkül veszélyeztetve lehetett volna.

S most nincs egyéb hátra, mint mély megilletődéssel bucsút venni bajtársainktól.

Köszönjük hű közremunkálását mindazoknak, kik nehéz pályánkon hazánk iránti szent kötelességünk teljesitésében nekünk segédkezet nyujtottak.

Köszönjük vitéz bajtársainknak az ösztönszerü készséget, melylyel honszerető szivük szent sugallatából sorainkba siettek.

E készség a nemzet ép szellemének nyilatkozványa, melynek csak alkalom kell, hogy széttörje az idegen jármat, mit idegen erőszak nyakunkba vetett.

Az alkalom késhetik, de eljövend s vele a honszabadulás örömünnepe.

Köszönjük a férfias méltóságot s szent becsületet, mely nemcsak a magyar nevet szeplőtlenül őrizte meg idegen földön, de a népek között ugy mint a hatalmak itéletében hitet, bizalmat, tiszteletet s rokonszenvet növelt a magyar iránt.

A kik haza mennek szülőföldünkre, táplálják keblükben a honszeretet szent tüzét híven és ernyedetlenül, s a mint magokkal viszik becsülésünket és testvéries szeretetünket, ugy mi viszont azon hitben bucsúzunk tőlük, hogy ha majd megelégelve nemzetünk szenvedéseit a gondviselés felhozza hazánk bús egére a szabadulás hajnalát, az Olaszhonban alakúlt magyar sereg elszórt tagjai helyt állanak magokért, hazáért és szabadságért.

Vigyenek üdvözletet a honnak, áldás legyen utaikon.

Jobb jövendőt a szenvedő hazának.

Kelt Turinban, julius 16-ikán 1859.

A magyar nemzeti
igazgatóság.

Kossuth Lajos m. k.

Teleki László.
Klapka, tábornok.

— 1 8 6 0. —

42 E. 14 St. New-York.
Juni 19. 1860.

Mélyen tisztelt kormányzó ur!

Mult évi augustusban Genfből nyert nagybecsű le-vele következtében az ide mellékelt sorokban közöltem az itteni magyarokkal a közlendőket.

Azóta folyton éber figyelemmel kisértem kormányzó urnak szent ügyünkbeni fáradozásait, és tekintvén az olaszhonbani uj mozgalmat és az ezzel járó átálanos euró-pai complicátiókat, látván pedig a magyar hirlapokból is, minő szellem s minő egyetértés uralkodik a hazában, hinni akarom, hogy nem tespedendünk el hontalan-ságban, de 10 évi szenvedésünk fordulatán és boldogabb idők küszöbén állunk. —

Ily körülmények közt bizalomteljes mély tisztelettel kérem ismét kormányzó ur kegyes parancsát. Kormányzó ur bölcs vezérlete alatt végerőmmel kitelhetőleg szolgál-hatni egyedüli vágyam lévén és maradván.

Én, kormányzó ur, minden perczben indulni kész va-gyok és mindazon honfitársaimmal, kiket mult évi au-gusius elején Tanárki K. czim alatt Genuába átküldött államkimutatásban megneveztem, csak kormányzó ur je-lszavát és parancsát várom.

Felkérem azonban kormányzó ur kegyes figyelmét egyben azon körülményre is, hogy neveztem honfitársaim közül csak igen kevesen lesznek képesek az uti költségeket fedezhetni, és hogy itteni segélyre most nem igen számithatunk, hacsak kormányzó ur néhány hatalmas sorokkal nem éleszti fel a szunyadozó amerikai magyar sympathiát. Véleményem szerint Ch. W. Landford generális, kormányzó ur által felkérve, örömteljes keszséggel nyujtana segéd kezet.

Úgy szintén Col. Colt, ki által vitéz Garibaldi tábornok oly szép fegyver-ajándékkal tiszteltetett meg, bizonnyal kormányzó ur becses sorait kellőkép méltányolná, és George Law millionáriusunk fegyver raktára zárait is kormányzó ur figyelme sükeresen megnyithatná.

George Law raktárában lévő holmik elküldési ideje iránt kormányzó ur még nem méltóztatott rendelkezni — mikép utolsó érintett levelemben feljelentém, összesen 25 láda és 3 bőrös láda lenne átküldendő a kölcsönjegyekkel, fegyverekkel, szijjártó munkával, könyvekkel és irásokkal telve.

Kérem ezek iránt kegyes parancsait.

Igénytelen véleményem szerint legjobb volna egy olasz privát vitorlás hajót az itteni olasz bizottmány kész segélyével felhasználni.

Az itteni magyarok közül már ismét többen járultak hozzám átmeneteli segély szorgalmazása iránt; — válaszom az vala, hogy mindaddig, mig kormányzó urtól ez ügyben utasitás nem érkezend, én nem léphetek fel a dologban.

Hallom azonban, hogy holnap hárman indúlnak, név szerint Koelbl Károly volt osztrák gyalogsági főhadnagy és magyar honvédszázados vagy örnagy, komáromi Capituláns, hol is a térparancsnokságnál vala alkalmazva. Indul Vetter tábornoktól kapott levél következtében. — Radnics János tüzérkapitány és a 2-ik honvéd 12 fontos üteg parancsnoka, lelkes hazafi és jó katona, és Gyra Ferencz, ki csak nem rég érkezett és előadása szerint

szabadság-harczunkban a 39. honvéd zászlóaljbeli alhad-
nagy és taval Magenta és Solferino alatt az osztrák had-
seregben Gyulai 33-ik ezredbeli hadnagy vala. Itt hasz-
nált kártyáját ma olvasom: Le Chevalier Francois de Gyra
Imple. Royle. Lieutenant — itt sokat járt az osztrák con-
zulhoz , és tőlem ajánló bizonyitványt kért a sardiniai
consul segélyét szorgalmazandót, de nem ismervén sem
magam sem más magyar — bizonyitványt nem adtam, a
sardiniai conzullal azonban a dolog mibenlétét közöltem.

Ruttkayné Ő nagysága rég nem vett és várva vár hírt
kormányzó urtól, sok a baja, de egészsége jobb mint volt
utólsó években. Lajos és Béla derék fiai felnőttek és készek
a hon szabaditására, ugy Zsulavszkiné Ő nagyságának há-
rom idősb fiai is: Emil, Laczi és Kazmér. Laczi különösen
szép tehetségekkel és elszánt szilárd jellemmel bir. Szegény
annyjok rég szenved sulyos betegségben és alig van re-
mény felgyógyulására.

Meszlényi kisasszonyok lelkes magyar hölgyek, kik
diszére válnának a hazának. Engedje a magyarok Istene,
hogy mielőbb utat nyithassunk számokra.

Hódoló mélységes tisztelettel kormányzó ur

készkötelességü szolgája

Asbóth.

Mayerhofer János kapitány haldoklik a városi kór-
házban, tegnap láttogattam, küldi végüdvözletét és tiszte-
letét kormányzó urnak.

Várva várandó kegyes levelét méltóztassék kérem
ezen adresse alatt küldeni:

A. Asbóth can of. G. A. Sacchi Esqu. 45. William
Str. New-York.

1 8 6 1.

A 61-IKI ESEMÉNYEKHEZ

(ASBÓTH LAJOS LEVELÉBŐL.)

Az 1859-ki hadjárat oly váratlan rögtöni befejezését
— mely az emigrátió és a magyarországi dynastia-elle-
nes pártnak már-már teljesedésbe menő reményeit meg-
hiusitá, — ugy ez, mint amaz nagyon zokon vette;
nem tudá feledni, és annál inkább törekedett az áram-
lat fentartása által a szakadást a nemzet és a dynastia kö-
zött fentartani és tágitni, mennél türhetlenebb lett ugy
az emigratió mint a nemzet helyzete, és mint az előké-
szitett eszközök, mint az elégületlenség annyira fejlesztve
voltak, hogy igen kedvező sikert tett kilátásba egy uj meg-
kisértés által a haza teljes felszabaditását kivivni és azon
bilincset, melly alatt Magyarország az absolut kormány
által tartatott, elvégre lerázni.

Az emigrátió 1860-ban tehát mindenfelé künt és bent
még élénkebben mozgott mint azelőtt, Szécsenyi vészsejtel-
mes halála az izgatást a legfelsőbb fokra emelte, megkezdőd-
tek a nyilvános demonstrátiók, mindenfelé klubbok kelet-
keztek, a pártok itthon csoportosúltak, az egész ország ko-
moly szint öltött.

Ezen mozgás tudata, a szerencsétlen háború, a had-
sereg rosz szelleme és egy uj crizis legközelebbi kitörés-
tőli félelem az osztrák kormányt végre oda terelte, hogy
elhatározta magát tágitni, engedni.

A kormány tanácskozásba lépett a magyarországi
conservativ párttal, mely évek óta szintén visszavonúlt volt,
hogy azon kérdés iránt értekezzék, mely lépések tétes-

senek, a nemzetet kielégiteni, és a közelgő veszélynek elébe állni.

Egész sora következett az engedményeknek.

Megjelent egy cs. kir. manifestum, összehivatott az ugynevezett „Verstärkter Reichsrath", Magyarországban uj kormány álittatott, Vay Miklós — a nemzetnél kedvelt egyén — cancellárnak, jó hirű férfiak főispányoknak lettek kinevezve és a megyékben 1861 elején az alkotmányos uj szervezés megengedtetett.

Ezen tények ellenében az emigrátió előkelő tagjai által elénkebben folyt a közlekedés a cselekvő párttal benn, ügynökeik bejárták az országot, buzditották a nemzetet, és ellenszegülésre hivták fel azt a kormány kiegyezkedési szándokai iránt.

A honvédegyletek általuk léptek életbe, segélyező név alatt ugyan, de valódi czéljok az volt, hogy a még harczképes honvédek összeirassanak és csoportokba szerveztessenek.

Teleky László közel Ausztria határához, Drezdában elfogatott és a jósefstadti várba vitetett.

Ezen mozgalmak közt Lugosra mentem Január elején, résztvettem a megyei magyar párt tanácskozosaiban és a krassómegyei honvédegylet életbe léptetését előkészitém.

Midőn az ujonnan kinevezett főispán Gozsdu Manó főispáni székét február elején elfoglalta volt, az ezen alkalomból történt tisztelgésnél az összesereglett honvédek élén, meleg szavakkal ecseteltem érdemeiket a haza iránt a múltban, ugy jövő hivatásukat, a netalán ujra szükséggé vált védelemben őket a szabadság őreinek állitám és végre a főispán pártfogásába ajánlottam, mely beszédet a főispán melegen szintén viszonozta, kijelentvén, hogy ő is mint Magyarország minden polgára honvéd és első lesz kiállani ha a szükség azt ugy kivánná. Ezen alkalommal magam a magyar érdemrendekkel valék feldíszitve.

E tény feladatott; de feladatott nemcsak egyszerűen magában mint tisztelgés, de feladott azon hamis hozzátétellel, hogy én 1860-ban már többrendü kormányellenes demonstratiókat tettem, hogy az emigrátióval folytonos összeköttetésben állok, hogy honvédzászlóaljakat szervezek az országban és tiszti kinevezéseket is eszközlök.

Legfelsőbb helyen és különösen Albrecht és Rainer főherczegek, ugy szintén a hadügyér gróf Degenfeld ennek folytán azon hiedelemben voltak, hogy én egyike a legveszélyesebb egyéneknek vagyok az országban és azért szükséges lesz engem magyar földről eltávolitni.

Ez meg is történt; Bécsből egyenesen egy rendőri kapitány, báró Gotte küldetett le Lugosra és február 14-ike éjjelén házamból kiemeltettem és a legszigorubb felvigyázás alatt a cseh-országi józsefvárosi várba vitettem.

Az ország csaknem valamennyi megyei és városi törvényhatósága egyenesen a királyhoz feliratok által elfogatásom ellen remonstrált, számos egyének szintén mint magánzok kezességet ajánlottak személyem iránt, Teleky László, a ki közben a behivott országgyülésre képviselőnek választatott, ott szintén elfogatásom ellen óvást tett, — ugy hogy elvégre május 25-kén szabad lábra bocsáttattam különösen Vay cancellár közbenjárása folytán, a ki más oldalról támasztott nagy nehézségek daczára azt is kieszközölte, hogy akkor Pozsonyban tanuló 15 éves fiam Jani, ő Felsége által elfogadtassék; e fogadtatás oly kedvező és kegyes volt, hogy ügyem már ezzel félig el volt döntve.

1863 — 1866.

AZ ALMÁSSY- ÉS NEDECZKY-FÉLE ÖSSZEESKÜVÉSEKHEZ

ÉS A 66-IKI ESEMÉNYEKHEZ.

I.

(ASBÓTH LAJOS FELJEGYZÉSE.)

II.

(ASBÓTH JÁNOS FELJEGYZÉSE.)

I.

(Asbóth Lajos tbk. feljegyzése.)

Az 1861-ik évben megkisérlett kiegyezési igyekezet meghiusulása után nem csak az emigrátió künn — mely mozogni soha meg nem szűnt — de itt benn is a dynastiaellenes párt csendben sorakozni és magát szervezni készült; lassan haladt, míg végre 1863-ik év végen határozott alakot nyert e szervezés.

Ezen pártnak feje itthon Almássy Pál volt, künn Klapka; hozzá tartoztak részint szorosabban, részint lazultan az aristokrátiának számos fiatalabb tagjai — nevezetesen a Károlyiak, ugy a Batthyáni, Keglevics, Orczy, Csáky, Andrássy, Zichy, Bethlen, Kendeffy családok némely tagjai, Podmaniczkyék mind; a nemesség az egész országban szétszórva részese volt.

Ezen párt Kossuthról mit sem akart tudni.

Kossuth igyekezett magának szintén erős pártot benn szerezni, de a honvédek nagy részén kivül nem igen sikerült az neki, és csak a nemességből nyert itt-ott csekély tagokat, kikhez egynehány ügyvéd és desperát szállangó — Pflastertreter — csatlakozott.

Ezek közül a legtevékenyebb Nedeczky István volt.

Mind a két párt az ország önállóságot és a dynastia teljes mellőzését vette végczélba.

A honvédek fejei ittbent igen ohajtották ezen két párt összeolvadását és végre sikerült az Almássy-pártot udahozni, hogy beleegyezett Kossuth nevét felhasználni, de a dolgok további folyama e r r e n é z v e függőben tartatott.

Victor Emanuel olasz király személyesen beavatva volt, és Visconti Venosta 1 millió francot és számos fegyvereket bocsátott az Almássy-párt rendelkezésére.

A szervezési terv az volt, hogy az ország több pontjai, különösen Somogyban, a Bakony mentében, Szegeden és felső Magyarország hegyes részeiben kiküldött biztosok által csapatok gyülhelyei jelöltessenek ki — ezek körébe annak idején sorrakozzanak az összeirt vállalkozók és nyomuljanak a központhoz Pestre, le és felfelé!

Beninczky Lajos volt a részletezésekkel megbizva — személyem az alsó magyarországi csapatok; Mariássy János ezredes a felsőmagyarországi már összegyült csapatok vezényletével lett felhatalmazva; a honvéd törzstisztek közül többen a vidéken külön-külön megbizást nyertek volna.

Az ügy csak a tervezetben és némi szervezetben volt, midőn az 1863-ik év deczember 17-kén a Kossuthféle proclamátiók az ország számos helyein kifüggesztettek és az által a kormány, a mely eddig a forrongásnak legcsekélyebb nyomára se jutott, felriasztatott.

Ezen proklamátiók Almássy tudta nélkül Nedeczky által küldettek szét, és most természetesen a kormánynak mindenfelé titkos és nyilt szemei keletkezvén — a pesti összejövetelek sem maradtak titkon, és igy ott, és némely vidéki helyeken, különössen a Szepességben és Somogyban, Vasban, Székesfehérvárott, Hevesben a forrongásnak nyomára jöttek, még mártius derekán — a tömeges befogatást mellőzve — a főbbeket börtönre vitték, és az egészet igy keletkeztében elfojtották.

II.

(Asbóth János feljegyzése.)

1864 február havában atyám Pestre jött; ha meg-
engedték dolgaim — másodéves technikus voltam Budán
— vele töltöttem időmet, néha nála maradtam éjjelre is
a „vadászkürtben;" igy ott lelt még az ágyban he-
verve egyik reggel egy látogatója is, a ki mindaddig isme-
retlen volt előttem; magas, izmos férfi, korának virágában,
erős szenvedélyek kinyomatával, kissé hanyag tartással,
de biztos fellépéssel; atyám jól ismerhette; bizalmasan fog-
tak kezet és minden bevezetés nélkül jelenlétemet men-
tegette atyám, mondván, hogy előttem mindenről lehet
beszélni.

Beszélgettek is, és mindazon érzelmek, melyek bennem
velem együtt növekedtek, a sóvár vágy, a keserü fajdalom
és gyülölet, ábrándos, forró remény, felkavarodtak bennem
beszédükön. Az idegen Nedeczky István volt és be-
szélt Kossuth megbizásából és a miről beszéltek, az az
ország dolga volt, a kényuralom megtörése, magyar zászló,
magyar háború, háborúja a fegyvert fogó népnek, háború
az ország szabadságáért.

Nedeczky künn járt Kossuthnál és az ő meg-
bizottja az országban; múlt év ősze óta készül titokban az
ország háborúja egyenesen Kossuth vezetése alatt, a ki
Nedeczky által intézi a dolgokat. Visconti-Venosta
a leghatározottabb igéreteket adta tavasszal megtámadni uj-

ból Ausztriát, és a hadüzenet lesz a jelszó a felkelésre, mely a felső megyékben és Dunántul, a Kunságban és a Jászságban már annyira szervezett, hogy nem csak pénz és fegyer van, hanem össze vannak irva az emberek és alakuló félben vannak a keretek is. Atyám azért van Pesten hogy a szervezőkkel érintkezve, a felkelés meginditására katonai szempontból készitsen tervezetet, mely elébe lett terjesztendő K o s s u t h n a k, a ki a felkelés katonai vezényletére őt szemelte ki. De van baj is. Az „a r i s t o c r a t á k" semmit sem akarnak tudni K o s s u t h r ó l. Külön működnek, szerveznek, és a kapcsolat nélküli külön két mozgalom veszélyezteti az ügyet, megzavarja a hazafiakat, akadályozza az erők összefogását, kifejtését. Egyesülni nem akarnak, mert nem akarják K o s s u t h o t, pedig ha lehet, csak K o s s u t h lehet a zászló. Ez aristocraták feje A l m á s s y P á l.

Ez annak, a mit N e d e c z k y beszédéből megtudtam, tényleges része.

Néhány nap mulva kimentem atyámmal Káposztás-Megyerre B e n i c z k y L a j o s h o z; órákig maradtak B e n i c z k y dolgozószobájába zárkozva, míg én a puszta, hótól lepett kertben verseket csináltam; rövid reggeli után aztán hazakocsiztunk.

Egyszer este atyám meglátogatta A l m á s s y P á l t; akkorában alkudozások folytak a két összeesküvésnek egyesülése iránt.

Mert „ö s s z e e s k ü v é s" volt valóban — legalább a N e d e c z k y-f é l e; nem mindenki jutott belé olyan egyszerüen mint én, a ki egyébaránt most már összeesküvő voltam testestőllelkestől.

Az összeesküvés szervezésének és terjesztésének felvilágositására ime egy concret eset:

Valaki ül a kávéházban és szijja csibukját; az öszszeesküdtek egyike-másika ismeri jellemét és hazafias gondolkodásmódját, de összeesküvésre azért e pillanatban az illető tán álmodva sem gondolna; nem is tud semmi ilyesről.

Egyszerre hozzálép egy idegen, a kit nem látott soha :

— „Ön N. N. ?“

— „Az.“

— „Kövessen.“

— „Én? Hova? Miért?“

A csodálkozó kérdésekre csak az a felelet, hogy az idegen minden feleletet megtagad, egyszerűen hivatkozik a megszólitottnak férfiasságára, melynél fogva lesz bátorsága őt követni; erre a két férfi indul.

Egyik belvárosi vendéglő szobájába mennek, a hol várakozva ül két másik. A megszólitó távozik és a megszólitott azóta soh'se látta.

Szemben maradt két emberrel, a kit szint oly kevéssé látott valaha, mind amazt. Bizonyos formák közt, melyek az illetőhöz képest váltakoznak az eskütől az egyszerü igéretig, meg kell fogadnia, hogy a megtudandókkal vissza nem él és aztán beavattatik a titokba oly mértékben, mint azt a beavatók vagy maguk, vagy utasitásuk szerint indicálva látják. Végre mutatnak neki egy kártyát a „nemzeti igazgatóság“ pecsétjével és Kossuth aláirásával és az illető még kötelezi magát — erre már rendszerint ünnepélyes esküvel — hogy a mi neki ily jegy előmutatása mellett parancsoltatik, azt teljesíti, hogy pedig ezzel se történjék visszaélés, kap két másik kártyát, illetőleg két kártyának egy-egy szelvényét más-más alaku szelvény-metszettel, és csak azt, a ki az e metszethez illő, ama szelvényt egész kártyává kiegészitő másik szelvényt elő tudja mutatni, tartozik illetékesnek nézni, csak azzal kell, hogy érintkezzék, annak utasitásait, parancsait, kell hogy kövesse.

Most már az illető fel van avatva, és azzal, hogy joga

van három más egyént oly mértékben, mint azt jónak látja, hasonló formák közt beavatni, elbocsáttatik.

Felavatóit azóta soh'sem látta, ma sem tudja, kik voltak . . . . . .

Atyám rövid tartozkodás után haza utazott. A dolgok csendben tovább fejlődtek. Általján teljes titokban maradtak volna, ha Nedeczky-ék, legnagyobb rémülésére a velök mindig és mindenben ellentétben álló Almássy-ékkal, szükségesnek nem tartják nyilvános tények által vinni tovább az összeesküvés ügyét. Proclamátiók szórattak és tüntetések rendeztettek. Ez által a titok azoktól, a kik feltétlenül megbizhatóknak tartattak, átment a közönség, átment természetesen a hatalom birtokába is, legalább arra nézve, a mi a kiáltványokban foglaltatott, és arra nézve, hogy létezik az egész országot már behálózott, számtalanok közt elterjedt complott, mert a kiáltványok egységes intézkedésről, a legszélesebb összeköttetésekről tanuskodó módon szórattak egyszerre az egész országban.

Nedeczkyék elérkezettnek vélték a cselekvés pillanatát és csak azon acut izgalmat — hiszen a krónikus megvolt — akarták ez eszközökkel tán még előidézni, mely meg kell hogy előzze a kitörést; Almássyék e pillanatot még határozottan nem tekinték elérkezettnek, annál kevésbé tán, mivel Olaszország felől még semmi sem mozgott.

Hadd jegyezzek fel a proclamátiók szórására nézve is concret esetet.

A dolgokba beavatott egy műegyetemi hallgatóhoz beállit egy idegen, előmutatja kártyaszelvényét, mely a fiatal emberével össze vág, minden magyarázat nélkül átad egy csomagot és ajánlja magát. A csomag a proclamátiókat tartalmazza, parancscsal, azokat ekkor és ekkor kifüggeszteni.

A fiatal ember maga mellé veszi egyikét ama háromnak, a kit ő avatott be. Esti 10 óra van, szép, nyugodt téli est. Az egyiknél a proclamátiók, a másiknál a ragasztó ostyák; lefelé az Albrecht uton, át a hidon, végig a Dorottya-utczán sürün felragasztják a proclamátiókat, a nélkül, hogy valaki által észrevétettek volna. Ennyivel beérve, visszatérnek, mielőtt azonban felérkeznének a várba, jónak látják feldíszíteni még a L ó n y a y-házat is; mig az egyik a már felragasztott kiálványt még szépen kisimítja, a másik körültekint és meglátja, hogy a bástya falára könyökölve, egész nyugalommal nézi miveleteiket egy altiszt.

— „Látnak."

Ez volt az egész, a mit szólt és erre a két fiú rögtön neki iramodott, lefelé az Albrecht-utou, a .hogy csak győzte. Tán a legroszabb, a mit tehettek. Az altiszt, a ki tán meg sem mozdúl, ha nyugodtan távoznak, vérszemet kapott és a két fiu éles füttyöt és csak nehány perczczel később már dobogó futását is hallja az őket követő katonáknak, a kik a közel főőrségnél épen kéznél voltak.

Le az Albrecht-uton, fel a várba — mert ott laktak — a Mátyás-templomhoz vezető fedett lépcsőkön, nyomozva mindig a katonáktól, le ismét a Krisztina-városba és fel megint a bécsi-kapún, igy ment a kergető, mig itten végre el-elmaradtak az üldözők, ugy hogy bátran és látatlanul osonhattak a fiúk egyikük lakására. Itt a tüzbe a megmaradt proclamátiókkal, egy kis szivdobogás még, egy kis gúnyos-büszke nevetés és az affaire be volt fejezve.

Mielőtt áttérnék a tüntetésekre, felemlitem, hogy a beavatottak és a hirhordásra, parancsosztásra legsürübben használtak közt volt egy kis p o r o s z ember is, Pesten egészen idegen. Beszédesebb volt, mint az ilyen küldetések és érintkezések alkalmával a magyar emberek, a kik szorosan utasitásaikra szoritkoztak, és nevezetesen arról szeretett beszélni, hogy milyen „H e i d e n g e l d“ jött az országba az összeesküvés támogatására.

Nem sokára a proclamátiók szorására rendeztettek t ü n t e t é s e k is. Az egyiknek színtere az ország-ut volt, főemberei Vidacs munkásai és vége egy verekedés a Zrinyi-kávéház előtt. A lapok másnap irtak róla. Ez ha jól emlékszem. márcz. 13-kán — 14-én este történt, azt hiszem vasárnapi napon.

A másiknak története ez:

N e d e c z k y, a kinek ismeretségére büszke voltam, és akiért tüzbe-halálba menni kész lettem volna, annyira vonzott komoly, egyenes egyénisége, optimista természete, és az összeesküvést-csinálásnak őt környező varázsa, — fel vitt márcz. 14-én reggel angolkirálynői szállására és én már sovár örömel remegtem a nevezetes dolgoknak, miket ismét hallani fogok.

Nedeczky átadott nekem néhány tizes bankót és aztán ellátott instructiómmal.

Mindenekelőtt érintkezésbe kelle magamat tennem H a d z s y E m i l l e l, a ki nekem tanulótársam, és egy farsangi párbaj óta, melynél ellene segédkedtem, jó barátom volt, s kiről most nagy meglepetésemre tudtam meg, hogy szintén a beavatottak közé tartozik és az enyémmel egészen azonos megbizást kapott.

A pénzen jegyeket kellett vásárolni a budai népszinház az napi előadására, azokat ki kellett osztani minél több fiatal ember közt, beavatva ezek közűl az elszántságukban és gondolkodásmódjukban megbizhatókat a tervezettekbe.

M o l n á r n a k meg volt hagyva az napra egyik hazafias darabot — ha jól emlékszem R á k ó c z y t — adatni, és a darab előadásra ki is volt tüzve.

Alkalmas helyen nekünk közbe kellett kiáltani, és különösen követelni a R á k ó c z y-i n d u l ó mellett K o ssuth indulóját, és ha ezt huzzák, éltetni Kossuthot, negyvenkilenczet, kiabálni, hogy ma van márczius 15-ke, és csinálni minél több zajt és hazafias rendetlenséget.

Estefelé a lánczhidkávéházban nagy volt a zsibbongás, a tért a szinház és a kávéház közt sürgő fiatalság lepte el, a titkolózás minden kifejezésével árulták az arczok a nagy titkot, a polgárok összedugdosták fejüket.

Az első baljel az volt, hogy nem a kitüzött hazafias, hanem valami ártatlan cancanos darabot adtak. Molnár esküdözött, hogy a darabot adni akarta, de a policzia betiltotta s ezt parancsolta rá.

Nagy rémülés és némi elillanás is a fiatalság egy része közt.

Egy czúg baka felvonul a téren. Ismét némi elillanás. A főbbek haditanácsa.

Ketten Hadzsyval kijelentjük, hagy most már a becsület is megkivánja, abba nem hagyni a dolgot; ha többen nem maradunk, demonstrálunk mi ketten egyedül. A hangulat kissé emelkedik és vagy huszan vagyunk, a kik elhatározzuk, hogy egy csoportba állva majd mi megindítjuk a dolgot. A többi azt fejtegette, hogy jó lesz, ha ők majd elszóródva vegyülnek a közönségbe, visszhangoztatva kezdeményezésünket; minthogy Nedeczky biztositott volt bennünket, hogy a gallerián ott lesz Vidacs egész gépgyára, ugy némileg ismét izmosult kilátásokkal mentünk a munkára.

A nehézség most az volt, apropost találni a cancanos darabban; az első felvonásban hiába lestük és megállapodtunk, hogy ebben bizony nem lesz apropos hazafias demonstrátióra. Ennélfogva elhatároztuk, hogy felvonás közben követeljük a Rákóczy-indulót és igy aztán a többit is elmondjuk. Elosztottuk a szerepeket. Alig hangzott a zene, kiáltottam: „halljuk a Rákóczyt!" Nagy bámulás a közönségben. Hadzsy utánam. „Ma márczius 15-ke van, halljuk a Rákóczyt!" Erre többen: „halljuk a Rákóczyt!" és én torkom szakadtából: „Nem a Rákóczyt, a Kossuth-indulót!" A khorus, mely eddig bátortalan volt, most látva, hogy nekünk még semmi bajunk, és hogy még egy kettő, különösen Markovits Miklós és Rákóczy Zoltán pajtásaink, szintén egész elszántsággal kiáltoznak, most már vérszemet kapott és folyt a kiáltozás: „Kossuth induló!" „Márczius 15-ke," „Éljen 49!" „Éljen Kossuth."

Ismét baljel volt, hogy a karzat néma maradt, és hogy szomoru tudomásul kellett vennünk csakhamar, hogy „Vidacs gépgyára" ezuttal csupán távolléte által tündöklik. Mi már benne voltunk; mi mint azok, kik hajóikat már elégették, neki keseredetten folytattuk a kiáltozást, nem törődve többé azzal, hogy a közönség csak hallgat és bámul, hogy az orchester nagy egykedvüséggel, de fortissimo fujja a cancant, s hogy azok, a kik „a visszhangoztatás" végett szóródtak el a közönség közt, ugyan csak vissza nem hangoztatnak egy hangot sem.

Ekkor vettük észre, hogy mögöttünk áll az inspectionális tiszt, merev szemmel nézve meddő fáradozásainkat. Végre mind a két fél növekvő zavarán segitett tömeges kivonulásunk a szinházból.

Még az éjjel siettem Nedeczkynek jelenteni.

A „nemzeti kör"-ben leltem a billiard-preference mellett. „Vidacs gépgyárára" nézve excusálta magát, a sikerrel meg volt elégedve, biztositott, hogy rögtön táviratoz Kossuthnak és utasitott, hogy másnap reggel menjek Gáspár tbkhoz, a kitől majd uj utasitást kapok.

Másnap elmentem Gáspár tbkhoz, a kit addig nem láttam volt soha. Siró asszony jött elibém, mondva, hogy férjét épen most elfogták. Rohantam Nedeczkyhez az angol királynéba. Nedeczky elfogva.

Egykét nap mulva elfogták Lugoson atyámat is és felhozták a Károlykaszárnyába, a hol akkor az összeesküdtek nagy része fogva ült.

Almássyról hallottam, hogy legénye elég ügyes volt az elfogatás pillanatában még elégetni iratait. Thaisz Elekről hallottam, hogy szintén el akarták fogni, de meg nem kapták, mert a pusztákra bujdosott. Nagy volt az izgalom és az egész világ rólok beszélt. Pálffy Mór helytartó életének legbüszkébb perczét élte és dicsekedett, hogy megmentette Magyarországot a dynástiának.

Nedeczky iránti lelkesedésemben legkellemetlenebbül hatottak reám a reá és könnyelmü multjára tett kicsinyitő észrevételek. Nekem ő akkorában legnagyobb emberem volt, és indignátióval feleltem mindig az efféle megjegyzésekre.

A vizsgálatok folytak, atyámat csak ritkán láthattam, ekkor is csak mások előtt, a foglyokról alig szivárgott valami a közönség közé.

Hetek múlva idézést kaptam a hadi biróságtól. Senki sem ment büszkébben törvényszék elé, mint én. Hirszomjamat, mely gyermekkoromtól uralkodott minden érzelmem felett, váratlan kielégitéssel kecsegtette egy pör, egy elitélés és én már előre a világ száján hallottam nevemet. Jól emlékszem, mint mondtam 12 éves koromban anyám rémülésére, hogy ha király lehetnék csak egy napra, nem bánnám, ha másnap megölnének, és tisztán tudom, hogy nem a hatalom, a birtoklás, hanem az csábitott, hogy a leghaszontalanabb királyról is beszélnek még évezredek multán is. Az élet mindinkább leköszörüli az egyénekről azt, a mi a közönségesen tullép, de akkor csak 17 éves voltam és phantásiám szárnyán még nem szegdesett volt az élet. Szinpadias attitude lehetett, melylyel a katonai biróság elé léptem, de láttam hogy a két tisztre jó benyomást teszek, a hadbiró — őrnagy auditor - közönyösnek, az irnok kicsinyleni látszott. Mind ült, kivévén az auditort, a ki fel és alá sétált; már forrott bennem a vér, hogy állni hagynak, midőn a hadbiró székkel kinált. Ez növelte önérzetemet. El voltam határozva kereken nyilvánitani érzületemet, nem titkolni semmit, a mi magamat illet, nem tagadni, de megtagadni minden választ, a mi másokra vonatkozik. Megerősitett ebben az ünnepélyes figyelmeztetés, hogy szükség esetén esküvel kellend vallomásomat erősitenem, de különben sem tettem volna egyébként, mert jól tudtam, hogy az igazsággal ellenkező legkisebb szavamra a vér öntené el arczomat. Ez nevelési hiba.

Különben csakhamar láttam, hogy nem igen is volna mit tagadni; pontosan megmondták a szoba számát, a hol és a napot, melyen N e d e c z k y v e l először találkoztam, az összeget, melyet N e d e c z k y től kaptam, kirándulásunkat K á p o s z t á s - M e g y e r r e, a napot, melyen atyámtól levelet vittem A l m á s s y n a k, sat. Nagyon kutatták, vajjon a kocsit, melyen B e n i c z k y h e z mentünk, atyám fizette-e, vajjon mi volt a levélben s ezekre könnyen feleltem, mert nem tudtam ezekről semmit. Szint ugy felelhettem arra, vajjon B e n i c z k y n é l mi történt, hogy nem is voltam a szobában. Kérdezve, miért rendeztem a budai szinházi demonstrátiót, azt feleltem, hogy mivel tudtam, hogy K o s s u t h kivánja.

— „Hát Ön mindent megtesz, a mit Kossuth kiván?"

— „Mindent."

— „Ha tehát azt kivánná például, hogy a Károlykaszárnyát fejünk fölött gyujtsa fel, megtenné?"

— „Meg" — feleltem — „szivesen, csak mondja meg hogyan?"

A két tiszt mosolygott, az irnok mélyen papirjára hajtotta arczát, az auditor pedig egész komolysággal dictálta be ezt is.

Kárörvendő mulatságomra szolgált a következő episód:

Kérdve, vajjon ismerem e Gáspárt, felelten., hogy nem, a mint hogy nem is láttam soha. Az auditor intett a tiszteknek, s kérdve, hogy tehát tagadom? figyelmeztetett, hogy „mi mindent tudunk." No, gondoltam, azt már hiába tudjátok s ujból tagadtam.

— De Gáspár itten — s elővett egy iratot — azt mondja, hogy ismeri Önt, hogy meg volt bizva egy pénzösszeget, akár Önnek, akár bizonyos harmadiknak átadni s azt Önnek személyesen át is adta.

— Én Gáspárt nem láttam soha.

— Hogy meglássa, hogy itt hiába tagad, majd elhozatjuk Gáspárt.

És elhozatták Gáspárt, a ki két szuronyostól kisérve, nem sokára meg is jelent, de kérdve, vajjon ismer-e engem, természetesen csak azt felelhette, hogy nem. Nagy sensátió. Gáspár az én tiszteletteljes hajlongásom és a biróság csodálkozása közt ismét elvittetett.

Az auditor kissé nehezen heverte ki a kudarczot; magyarázgatni kezdte a dolgot, hogy Gáspár tán avval a másikkal beszélt, abban a hiedelemben, hogy velem beszél. Én meg azt gondoltam, hogy nagy vigyázatlanság összeesküvőtől, beszélni valakivel abban a hiedelemben, hogy az a valaki más valaki.

De most ezt a valakit kezdte kutatni az auditor. Háromféleképen mondott egy nevet, mely mind a háromképen igen hasonlitott Hadzsy barátom nevére, de még sem volt az, ugy hogy csakhamar tudtam, hogy az, a kinek Gáspár a pénzt adta, Hadzsy volt, de mégis bátran mondhattam, hogy „ilyen nevü embert nem ismerek."

Végül követelte az auditor azoknak nevét, a kik a demonstrátióban részt vettek. Erre kereken rámondtam, hogy a mi engem illet, azt nem tagadom, de mást nem adok fel. Következtek atyai tanácsok, fenyegetések, végül pedig a protocollum bezárása azzal, hogy majd itt fogok maradni a Károlykaszárnyában, mig meg nem tetszik mondanom a neveket.

Ez egészen kivánságom szerint volt s csak annyit feleltem, hogy „jól van,“ mire az auditor boszankodva hivta az ordinancet s elvitetett az őrszobába, hozzátéve hogy majd megmondja, hova csukjanak. Nagy elégtételemre szolgált, hogy a távozásnál egész komoly tisztelettel hajoltak meg előttem a tisztek.

Hazafias büszkeséggel álltam tehát az őrszobában, várva a várandókat, mig egy időre ismét az auditor elé hivattam. Ujból atyai tanácsok s fenyegetések. Végre haza küldött, mondva, hogy mindenkor tartsam készen magamat az első idézésre eljönni.

Vizsgáim letétele után csak külön engedély kikérése után térhettem haza.

A következő iskolai évet már nem Budán, hanem Zürichben kezdtem meg és külföldön maradtam 1866 nyaráig is valamint kimenetelemet, úgy visszajövetelemet is forradalmári episódnak kellett megelőzni.

Épen egy rajnai kirándulásról tértem vissza, a hol alkalmam volt látni Poroszország roppant készülődését a a háborura, midőn Karlsruheban táviratot kaptam, hogy azonnal jöjjek Párisba, a hol az Amerikából odaérkezett Sándor bátyám vár. Percznyi késedelem nélkül siettem ölelhetni atyám édes öcscsét, kit közülünk senki sem láthatott már oly régóta. A La Plata államokhoz minister-residenssé kinevezve, New-Yorkból Párisnak vette utját, hogy Dr. Nelatonnal tanácskozhassék a fejében maradt golyó iránt.

Párisban véle meglátogattam a magyarok közül többeket, köztük Klapka tbkot is, kinél az idő tájt — julius közepe felé, sürü conferentiák folytak a légió iránt. Egy ily conferentián találtam Kiss Miklóst, Éber Nándort, ki épen Oláhországba volt indulandó, onnan és ottan működni Magyarország insurgálása iránt, s több másokat; ha vajjon Komáromy képviselő — kit az országgyűlési cselekvési párt (jobban fractió) küldött volt ki, köztük volt-e, arra nem emlékszem, de vele s másokkal is, kik a légió miatt jöttek ki, mint p. ifj. gróf Károlyi István, találkoztam többször a Mabilleban.

Az összegyültek Magyarország felszabaditása iránt a legjobb reményben voltak, számitottak különösen az oláh uj hospodárra, Károly herczegre, kinek országában gr. Bethlen Gergely tbk már működött, és a nemzetnek mint egy embernek felkelésére, ha a légió az ország határát átlépné. Hogy Kossuthnak a számitásból ki kellett maradni, azt ugy látszik, nem tarták nagy bajnak s belenyugodtak a porosz királynak Kossuthra és Klapkára vonatkozó azuttal is szóba hozott nyilatkozatába, hogy neki nem „izgató“, hanem „katona“ kell.

Néhány nap mulva Klapka a porosz sereghez ment s követték őt sokan, köztük a többnyire iparosokból álló párisi magyar egylet számos tagja is.

Természetes, hogy ennyire benn lévén az alkalmatosságban, én is jelentkeztem a légióhoz, mire Kiss Miklós, a ki tábornoki minőségben szintén a légióhoz készült, hadsegédjének designált, egyuttal utasitva, hogy az indulásra nézve várjam be rendelkezését, hogy, miután ő is még Párisban maradt, vele együtt csatlakozhassam a légióhoz. Nem volt sietősebb dolgom, mint egy csomó porosz katonai könyvet venni, és két héten át éjjel-nappal egyszerre tanulni Felddienstet, az artilleria, infanteria és kavalleria mesterségét, meg a Befestigungslehret, ugy hogy fejem zúgott, mint szélmalom, mire megérkeztek a hirek a nikolsburgi praelimiarékról. Noha eleintén eléggé resteltem, hogy a légiónál voltam — csak Párisban, utóbb még sem volt okom azt bánni, megtudván, mennyire ringatózott illusióban a cselekvési párt a nemzet akarata iránt, midőn ez a légió betörése után is a legnyugodtabb maradt, mutatva, hogy ha forradalmi volt is, megszünt már az lenni abban a perczben, melyben ismét alapos kilátásai voltak alkotmányának visszanyerésére.

E kilátások egy fél év alatt meg is valósultak teljesen s ezzel végkép véget is ért Magyarország 1849—1866-iki forradalmi korszaka.

FÜGGELÉK.

— 1868. —

ASBÓTH SÁNDOR NECROLOGJA.

Asbóth Sándor Necrologja.

(V é r t e s s y A r n o l d „Magyarország és a Nagyvilág" czimü lapjának 1868, marczius 22-iki számából.)

Meghasadt egy nemes sziv: összetört egy hősi kard, mely csördülésével két világrész csatáiban a magyar név és magyar fegyver becsületét hirdeté.

Kiszenvedett ismét egy apostol. Egy apostol azok közül, kik bujdosásnak eredtek egykor, nem mivel rettegék a szörnyü halált — hisz bömbölő ágyukkal szálltak szemben annyiszor és fagyos szemmel nézték annyi csatának iszonyait — hanem mivel a véres temetkezés kétségbeesésén győzött keblükben egy rendületlen hit és mivel t e n n i akartak idegen földön, ha otthon nem lehetett — csak zokogni. És mig a véres hatalom vasigába görbeszté a büszke nemzetet, melynek nagysága f ö l d i g sujtotta volt még csak az imént T á p i ó-B i c s k e, S z o l-n o k, H a t v a n, N a g y-S a r l ó, I s a s z e g, K o m á r o m, dicső napjain; mig olyan puszta hangtalan volt a m a-g y a r hazája, mint egy elfelejtett temető, melyben a zokogó jajszó is csak elvétve, tompán hangzik; mig a csaták vére után a bitótól ontott vért szivta a gyér kalász a földből; mig csak a rabláncz csördülése némitá el az anya, az árva jajjos panaszát és üszökkel egyik, palossal másik kezében hangoztatá a bérencz hirmondók serege, hogy „Buda ledőlt és nincsen többé magyar!" Ők — a bujdosó apostolok voltak, kik jártak szerte a népek közt hirdetvén hogy nemzetnek, mely halni igy tudott, élnie kell!

És elmondták a nagyszerü bukást, a férfiak szóltak a háromszáz éves gyásznak nemzetéről, szóltak a háromszáz év borujáról, melybe oly kevés esett a napsugár szende melegéből, az életet adó nyugodt derüből, a hosszu évtizedekről, melyekben napjai az örömnek is csak a lázasan emésztők voltak, ama napok, midőn a vérbe mártott vas bujdosott az országban, hősdalok és vitézi énekek röpültek szájról szájra régi dicsőségről, midőn a megsértett törvény zászlaját ütötte fel egy-egy Rákóczy, Bercsényi és a bódult lelkesedés örömével, ajkukon a szabadság nevével, rohantak deli ifjak, őszbe borult vének — utána a háromszin zászlónak, ütközetbe, csatába.

Ezek voltak fekete gyász közt az öröm piros napjai; pirosultak nemes szivek vérétől; és annál, hogy annyi hősnek drága vére folyt, keserübb hogy hiába folyt. A vérnek diját kicsavarta ismét nyers erő vagy álnok csalárdság.

Ilyen háromszász év után egy 48!

Ezeket hirdették a rab nép apostolai és a kik még tegnap csak azt tudták a magyarról, hogy volt és van, azok tudtak most azt is, hogy: l e s z!

A hőskornak régi regéit vélték hallani ismét, és az idegen költők megemlékezvén az ódon mondák hős alakjairól, reánk mondták:

„Es sind dieselben Helden,
Die Namen sind verändert blos!“

És mintegy látónak szózatát, hallani vélték e szavakat, melyeket „apostol“ hirdete:

„Akarat tetterő — akarat győzelem! Agya bárd volt, jelleme pajzs, szive bástya. — Küzdött, vesztett. — Keble üterét hóhér állitá meg. — Ime az akarat!“ — mondák gunyolva kaján bakói. Barátai pedig koporsoját k ö n y á r r a l áztaták.

De virág termett sirhantján s a virág b o r o s t y á n.

Emléke példa; vértanusága igéret; népszózata parancs.
Megujul a harcz a sir felett; a tort diadal követi."

És látva, hogy hisznek bennünk, minmagunkban is
ébred ismét a hit.

És a számkivetés keserű kenyerén, az idegen föld
sivárságán, a hazából érkező rémhireken amazok buzgalma
meg nem tört; kivül a hazán, kivül a hazatérésnek noha
reményén is, a bátor férfiak hazájuknak igaz fiai marad-
tak. A magyar nevet hirdették, a népeket választó viharos
világtengeren kelve át ezért harczoltak, az egyik szóval,
a másik tollal, a harmadik karddal, harczolván mindig ott,
a hol vivták a szabadság csatáit, megmutatva, hogy a
magyar mindenütt magyar.

Husz éven át tették fáradatlanul. Ma, midőn gyászát
levetette a nemzet ismét, vannak közülök, kik őszbeborult
fővel visszatérnek oda, hol ifjuságuk szép napjait élték;
vannak, kiket elvesztettünk régen, kik a harczban kidől-
tek, kiknek nemes szive idegen föld moha alatt porladozik.

Szivbeli örömmel kisértük be városainkba azokat;
gyászoljuk ezeket, de gyászoljuk még mélyebb megilletö-
déssel azokat, kikről mostan érkezik hozzánk a szomoru
hir, hogy kiszenvedtek, mielőtt az uj napokon a hazát
még egyszer láthatták volna, mint más, szerencsésebb baj-
társaik. Látták messze távolból az igéret földét, az ismét
megnyilt hazát, de el nem érheték többé.

És idegen földbe tették koporsójukat idegenek,
nekünk pedig nem lehetne könnyebbülésünkre semmi sem,
ha csak nem az, hogy a kik a kaporsót körül állják, hó-
dolva ejtik ki a „m a g y a r" nevet.

Ilyen gyászos esetet melyikünk ne venne mély meg-
illetődéssel?

S néhány napja csak, hogy ilyennek hire jött át az
oceánom — hosszu hét hét alatt — azért mondtuk: „Meg-
hasadt egy nemes sziv; összetört egy hősi kard, mely csör-

dülésével két világrész csatáiban a magyar név és magyar fegyver becsületét hirdeté."

Asbóth Sándor meghalt.

Mint északamerikai tábornok és teljhatalmazott miniszternek az argentiniai köztársaságnál és követnek Uruguaynál, az amerikai hirlapok hasábokat szenteltek gyászos kimultának. A szomoru hirt azokból vették át napi lapjaink : mi sem mulaszthatjuk el mély megilletődésünket kifejezni, és meg vagyunk győződve, hogy olvasóink kedvesen veszik, ha e szomoru alkalomból bemutatjuk a jeles férfiu arczképét.

Asbóth Sándor angol eredetű családból származott, mely a kath. Mária alatti protestans-üldözések folytán menekült Angolországból. Különös játéka a sorsnak, hogy az angol menekült egyik magyar unokája ismét az angolfaju amerikaiakhoz menekült. A család honfiusitást nyervén, megmagyarosodott régen, és ha Asbóth Sándor bátyjával Asbóth Lajos honvédtábornokkal és öt másik Asbóthtal együtt a polgári élet magányát elhagyta, midőn a magyar haza veszedelme fegyverre szólitá fiait, csak egyik ősapját követte, ki már II. Rákóczy Ferencz zászlója után indult egykoron.

Asbóth Sándor a magyar hadseregbe lépve Klapka tábornokot követte mint hadsegédje, megismerkedvén vele a bánsági hadjáratban. Midőn Klapka ideiglenes hadügyérré neveztetvén ki, Debreczenbe ment, őt oda követte. Itt történt, hogy a kormányzó hadsegédjévé és a katonai ügyek előadójává szemelte ki.

Azóta ezredesi ranggal folyvást a kormányzó személye körül maradt Világosig, Kiutahiáig. A számkivetésben is ő vezette a hontalanok ügyeit.

Midőn a kis-ázsiai belebbezésből menekülve, társainak nagyobb részével az észak-amerikai köztársaság vendég-

szeretetét vette igénybe, egy hatvankét napos tengeri uta-
zás elegendő bevezetés volt többi hányatott életéhez.

Amerikában kezének munkájával tartá fenn életét,
mint annyi más számkivetett, mig a délnek lázadása folytán
a köztársaság polgárait fegyverre szólitván, oly tér nyilt
előtte, melyen képességét fényesebben érvényesithette.

Asbóth mint dandártábornok lépett a hadseregbe,
mely azonban még — alig létezett. Asbóth is addig szer-
zett összes vagyonával alakitotta dandárját.

És rövid időn nagy állást teremtett magának.

A négy éves óriás mérvű háboruban szakadatlanul
helyét állta, a nemzet és kormány elismerését, a hirla-
pok magasztalását vivta ki, Mobile bevételénél lényeges
részt vett. A háboru vége felé West-Florida államparancs-
noka volt.

Háromszor sebesült meg sulyosan. Egy izben egy el-
lenséges állást volt megtörendő dandárja. Az első támadás-
nál a vezénylő ezredes rögtön összeesett tizenhárom golyó-
tól találva. Ellenséges vadászcsapatoknak árkokból jövő
tüzelése visszaüté a dandárt. Másodizben támadás paran-
csoltatván, a második ezredes nem a legélesebben vezényelt
és a legénység meg sem mozdult. Midőn az ezredes végre
mégis előre vágtat, öt golyótól találva rögtön elesik. Ek-
kor törtet előre a tábornak lelkesitő tüzzel és ellentálhat-
lanul magával ragadja a legénységet, mely hangos h u r-
r a h! közt követi a szeretett vezért. A dandár megdönti
az ellent és annak vezértábornokát fogságba ejti. De As-
bóth, ki a legénység oldalán e közt s az árkok közt nyar-
galt, önkivületben összerogyott.

Bal karja össze volt zuzva, és arczán furódva át egy
másik golyó, szájpadlásán keresztül fejébe hatolt. E golyót
Asbóth Sándor n é g y é v i g — egész halála napjáig —
fejében hordozta.

A zendülők legyőzetvén, nemcsak a hadsereg legnagyobb része, hanem még a törzstisztek, tábornokok is minden további karpótlás nélkül elbocsáttattak. Csupán csak azok, kik a legnagyobb mértékben tüntették ki magukat, helyeztettek el, részint a seregben, részint polgári állásokban. Ezek közé tartozott Asbóth is, ki addig „Major-Generalig" az amerikai hadsereg eddigi legmagasabb fokáig haladt.

Az argentiniai köztársaságnál, később emellett Uruguaynál is, mint az Egyesült Államok minisztere bizatott meg.

Rendeltetésének uj helyére Párison át vette utját, hogy Garibaldi műtő orvosával, Nelatonnal értekezzék; a golyót ez a fejben feltalálta, de kivenni csak életveszélyes operátió mellett igérhette.

Egy éve már, hogy aczél-testét mindez leverte. „Matrácz-sirban" feküdt azóta, mig be nem következett halála, mely oly fájdalmas visszhangot költött két világrészben.

Haláláról ezeket irja a „Standard:"

Az argentini kormány rendelete Asbóth Sándor tábornok és amerikai minister temetése tárgyában.

A belügyminiszteriumtól.

Buenos-Ayres 1868. január 22.

Miután az Egyesült-Államok consulja Asbóth tábornok, az Egyesült-Államok miniszterének tegnap történt halálát hivatalosan bejelenté, s a köztársaság kormánya e fájdalmas veszteség feletti részvétét kifejezni siet, csatlakozván a nemes amerikai nemzet képviselőjének végtiszteletére rendezendő általános gyászünnepélyhez, rendeli:

1. A nemzeti zászló a gyász napján minden üteg, hadihajó és középületekre ki fog tüzetni.

2. A tetemet, a nemzeti kormány nevében az egyik miniszter, valamint a hadsereg főparancsnoka, s az itt állomásozó katonaság kisérendik a temetőbe.

3. Azon idő alatt, mig az elhunytnak földi maradványai a halottas háztól a temetőbe vitetnek, minden negyedórában ágyulövések fognak tétetni, s a sirnál a tiszteletőrség szintén gyászlövéseket teend.

4. A tiszteletőrséget egy csapat tüzérség fogja képezni, kik fekete fátyolt viselendnek.

5. A rendelet ezennel mindenkinek köztudomására hozatik.

Mitre, elnök.

G. Racoton, belügym.

A temetés szerdán, jan. 22-én ment végbe. A tetem a buenos-ayresi protestáns egyházban tétetett le, honnan az elhunytnak végrendelete értelmében Washingtonba fog örök nyugalomra szállittatni. A tetem egy érczkoporsóban volt elhelyezve, melyet ismét egy mahagonifából készült s ezüsttel ékitett koporsó fedett. E koporsót az Egyesült-Államok zászlója, az elhunyt tábornok kardja, kalapja és egyéb jelvényei, egy babér- s egy fehér virágokból font cypruskoszoru disziték.

A gyászmenetet Czetz tbk és Hopkins ur vezették. Öt perczczel 4 óra előtt megjelent az egy csapat tüzérségből álló tiszteletőrség s az összes tisztikar, továbbá a braziliai, spanyol, franczia és angol követségek személyzete, kevéssel ezután a' tartomány kormányzója és miniszterei, ugyszintén a köztársaság belügyminisztere, Nazar tbk és az elnök segédei is megérkeztek, s a halottas ház udvarát és szobáit nagyszámu egyéb közönség lepte el.

Négy óra után 20 perczczel a diplomatiai testület által könyeztet koporsó levétetvén az emelvényről, megindult a gyászmenet, melyet a követségek s a kormány képviselői személyzetének fogatain kivül még mintegy 50 kocsi kisért. A kápolnába érve, Goodfellow, az amerikai követség lelkésze, rövid beszédet tartott, mely után Noel

ur, a franczia követ, mint a diplomatiai testület dékánja,
az elhunytnak érdemeit és hosszas szenvedéseit megható-
lag ecsetelte. Utána a köztársaság ministerelnöke szólott,
ki Asbóth tbk életét és működését mesterileg adta elő a
nagy számmal összegyülteknek."

Igy ünnepelte meg az argentini köztársaság vitéz,
érdemes hazánkfia elhunytát. Béke poraival a messze föl-
dön, a tengeren túl!

www.ingramcontent.com/pod-product-compliance
Lightning Source LLC
LaVergne TN
LVHW081353060426
835510LV00013B/1796